死のただ中にある命

預言者エリヤとエレミヤ

近藤勝彦

教文館

はじめに

本書はエリヤ伝承（列王記上一七章から列王記下二章まで）とエレミヤ書からの説教を収録した説教集です。エリヤの説教を十編、エレミヤ書からの説教十五編を収録しました。

エリヤは紀元前九世紀の北王国イスラエルの預言者であり、エレミヤは紀元前七世紀から六世紀にかけての南王国ユダの預言者です。彼らは時代も地域も隔たり、異なった環境の中の預言者たちであり、お互いの間に直接的関係があったわけではありません。しかし、二人ともイスラエルの歴史に深い影響を刻み、それぞれにイエス・キリストの生涯と新約聖書の成立に大きな影響を及ぼし、教会が預言者と使徒に基づくと言われるとき、繰り返し思い起こされる重大な預言者たちです。彼らの預言者としての魂と活動には圧倒的なイスラエルの神との出会いが表現されており、その神との内的な葛藤や神の契約の回復にかけた彼らの戦いには、教会の信仰にとって欠くことのできない永続的な教えと支えになるものがあります。

彼ら預言者たちがいかに生ける神の御言葉に聞き続けたか、彼らの神との格闘と神への服従に、聖書の証言を通して触れることができることは、他のものによっては容易に代え難い貴重な賜物です。私たちの信仰生活に対して与えられた宝物とも言うべきでしょう。彼ら預言者が聞いた神の言葉と、預言者としての彼らの原体験とは、時代を超えて私たちに語りかけ、今を生きて信仰を求める者たちに、汲めども尽きない仕方で、信仰の源泉に触れさせます。預言者と取り組みながら御言葉を聞く礼拝は、魂を生き返らせる神の力に満たされると言ってよいのではないでしょうか。そういう礼拝を現代人はみな心の底で求めていると思われます。

本書の説教がそうした礼拝を生きることに寄与できたかどうか、どこまでそれができたかは、私自身の判断を超えています。ただそういう礼拝、それに仕える説教を追い求め、また心がけてきました。本書が、預言者たちの信仰の深さ、高さ、大きさ、力強さから学び、そこに示されている神との出会いから命の水を汲み取り、養われ、教えられ、信仰生活を歩むことに、少しでも役立つことができれば幸いと思っています。

目次

第Ⅱ部　エレミヤ書から

装丁　桂川　潤

第I部

エリヤ伝承から

列王記上一七章1－7節

干ばつの中の預言者

ギレアドの住民である、ティシュベ人エリヤはアハブに言った。「わたしの仕えているイスラエルの神、主は生きておられる。わたしが告げるまで、数年の間、露も降りず、雨も降らないであろう」。主の言葉がエリヤに臨んだ。「ここを去り、東に向かい、ヨルダンの東にあるケリトの川のほとりに身を隠せ。その川の水を飲むがよい。わたしは烏に命じて、そこであなたを養わせる」。エリヤは主が言われたように直ちに行動し、ヨルダンの東にあるケリトの川のほとりに行き、そこにとどまった。数羽の烏が彼に、朝、パンと肉を、また夕べにも、パンと肉を運んで来た。水はその川から飲んだ。しばらくたって、その川も涸れてしまった。雨がこの地方に降らなかったからである。

聖書には預言者と呼ばれる人たちが登場してきます。それは古代イスラエルの中に主なる神によって選ばれ、召されて立てられた人々で、聖書以外の世界にはどこにも例を見なかった人々です。教会はこの預言者と主イエスの使徒たちとを土台に（エフェ二20）していると言われます。今朝は預言者の代表的な一人、エリヤの記事をお読みいただきました。短い箇所ですが、これによって預言者を立てて用いた主なる神を仰ぎ、その御名をほめたたえたいと思います。

エリヤの時代はイスラエルの民が、北王国と南王国に分裂した時代でした。北王国は「イスラエル」と呼ばれ、南王国は「ユダ」と呼ばれます。旧約聖書の列王記上と下に記されている時代です。エリヤが活躍したのはアハブが北王国イスラエルの王であった時代、紀元前九世紀半ばです。エリヤという名は「わが神はヤハウェ」あるいは「神はヤハウェ」という意味と言われます。エリヤ自身については、聖書はただ「ギレアドの住民である、ティシュベ人エリヤ」（王上一七1）とだけ紹介しています。ギレアドはヨルダン川の東側の地域で、聖書の主要な舞台からすると周辺の地域です。ティシュベという場所がどこにあったのか、何の説明もありませんから、当時の人々にはすぐに分かったのでしょうが、今日ではそれがどこなのか分かりません。ギレアドの村か町かと思われます。エリヤは列王記上一七章で、いきなり、王であるアハブの前に立って、「わたしの仕えているイスラエルの神、主は生きておられる」と語ったと言われます。そして、「わたしが告げるまで、数年の間、露も降りず、雨も降らないであろう」と預言しました。それはアハブ王の悪政に対する主なる神の審判の言葉でした。王に対して裁きの言葉を発したわけです。こういう行為の中に預言者とはどういう人たちであったかということがよく示されています。

アハブの不信仰と罪は、今朝の箇所の直前の列王記上一六章30節以下に縷々記されています。「彼以前のだれよりも主の目に悪とされることを行った」「イゼベルを妻に迎え、進んでバアルに仕え、これにひれ伏した。サマリアにさえバアルの神殿を建て、その中にバアルの祭壇を築いた」「イスラエルのどの王にもまして、イスラエルの神、主の怒りを招くことを行った」とあります。バアルはカナン、つまりヨルダン川の西側の地域に勢力を持っていた異教の神です。雨を降らせる神、農耕の神、植物を育て育成させる神として信じられていました。アハブ王は、おそらく農業生産の向上を図るために、バアル宗教を利用しようとしたと思われます。王の悪政の根本には、イスラエルを救った神を神としない宗教政策がありました。経済の繁栄を第一にして、神のことは第二、第三にし、宗教的な不誠実に陥ったとも言うことができるでしょう。聖書はこの王の不信仰と悪政に、露も降りず、雨も降らない干ばつを結びつけて理解していま す。干ばつや自然災害と、人間の罪や不信仰は無関係でないと、聖書は見ており、人間の罪によって自然は荒廃すると見ています。アダムの罪によって「土は茨とあざみを生えいでさせる」（創三18）と聖書は語りました。これは現代人にも分かる面があるかもしれません。今日各地で異常気象が起こり、中近東やアフリカでは干ばつに襲われ、多くの難民が発生していると言われます。その難民の発生原因は政治不安によるのと干ばつによる、その両方に原因があると言われます。干ばつについてはまた、炭酸ガスの排出による地球温暖化が影響しているとも言われます。そうだとすれば、それは利益追求を第一にした先進諸国の生き方と無関係ではないでしょう。災害被害の多くが人災であると言われることもあります。人間の罪によって自然は荒廃するという聖書の見方は、現代人にまったく分からないということではないのではないでしょうか。

預言者の背後には主なる神がいます。神がおられることは、王の権限を制限します。何もかもを王が決められるわけではありません。日本の歴史にはこういう預言者はいませんでした。しかしイスラエルには、王が雨の神であるバアルをどんなに頼みにしても、「わたしが告げるまで、数年の間、露も降りず、雨も降らないであろう」と語る預言者がいました。雨は主なる神が降らせるものであり、主こそが「命の神」で、その主が生きていますと預言者は語ったのです。こうしてエリヤ自身も、三年の間、干ばつの中を過ごしました。

「干ばつの中での命」はどう支えられたのでしょうか。預言者の命は、「身を隠せ」との神の言葉に従うことによって支えられました。死の危険の中で、命は命の主である神によって支えられます。それが聖書のメッセージです。そのためにどう生きたらよいのでしょうか。神によって養われるには、どうしたらよいのでしょうか。エリヤは神の言葉に従って身を隠しました。神によって養われるとは、隠れたところで養われることでした。「主の言葉がエリヤに臨んだ。ここを去り、東に向かい、……ケリトの川のほとりに身を隠せ」(3節)。神に養われるためには、世間から身を隠さなければなりません。華々しい生活の中で神に養われることはできません。世の華々しい生活から身を隠します。それもただ身を隠せばよいのでなく、神の御命令に従い、御言葉が指し示す場所に身を隠さなければなりません。それが死の中を生き延びる秘訣です。主なる神が命の神だからです。

ヨルダン川の東、ギレアドの地はバアル宗教に侵されていない主なる神に対する純粋な信仰が残っていた地域と言われます。現代もまたある面で干ばつの時代と言い得るでしょう。魂の生活にとって今は砂漠のような時代ではないでしょうか。どこで命をつなぐことができるでしょうか。神が示す現代のケリトの川に身を隠すことです。現代のケリトの川はどこにあるのでしょうか。華々しい生活から離れて、御言葉に従って身を隠す隠れた場所、神に養われる場所はどこにあるのでしょうか。

聖書の解釈としては飛躍していると思われるかもしれませんが、教会とその礼拝が現代のケリトの川ではないでしょうか。その水を汲み、そこに運ばれる命の糧に養われる、それこそ砂漠のような現代を生きる道ではないでしょうか。世の華々しい生活から離れて、教会の中に、その礼拝の中に深く身を隠して、神の養いを受けることです。それがエリヤに語られた神の言葉に今日も従うことに通じるでしょう。礼拝において私たちは、世の華々しさから離れ、身を隠し、神に対面します。そして深く神の養いを受けます。私たちは礼拝の中で神の前に立ち、命をかけて神に対面します。

礼拝は、神のみが神とされる場所です。まず神の国と神の義を求めよ、他のものはすべて添えて与えられる。そう言われた主イエスのお言葉が響いている場所です。礼拝がそういう場所であるからこそ、私たちの命が問題になるとき、死を潜って生きなければならないとき、他に行くべき場所がないとき、この礼拝が私たちのケリトの川なのです。

数羽の烏がエリヤにパンと肉を運んだと聖書は語ります。「数羽の烏が彼に、朝、パンと肉を、また夕べにも、パンと肉を運んで来た」（6節）と記されています。一日に二度、肉が運ばれました。一日二度の肉は、イスラエルの通常の食事を遥かに超えていると言われます。つまりエリヤは、身を隠したその生活の中で、豊かに、実に豊かに養われたと言うのです。満ち足りるまでに養われたのです。聖書はおとぎ話を語っているわけではありません。主なる神が命を養うと語り、神が養ってくださるのは、干ばつの中でも、荒野の中でも、豊かに養ってくださり、「わが恵み汝に足れり」と語っておられます。

今、まるで干ばつの中にいる、死の中を潜っているという人がいるのではないでしょうか。私たちの誰もがそういう時の経験を持つと思います。誰の生活の中にも命の危険はあり、生きることに難渋するときがあります。どう生きていけるかと悩み、生きていくために必死に戦わなければならないときがあります。しかしそのとき、自分で何とかしなければと焦るだけであってはならないでしょう。もっと根本のところで、神の言葉に従おうという思いがあるかと問われます。華々しい生活から身を隠そう、自分で必死になるのでなく、神の言葉に従おう、神が養ってくださることに信頼しよう、そう決意し、それを実行する。礼拝はそういうところです。そのとき神によって豊かに養われることが起きる。それを経験することができるのです。

エリヤはこうして生き延びました。厳しい状況に耐えて生き残ることを「サバイバル」と言います。他の人が死んだのに、奇跡的に助かって生き延びた人をサバイバーとも言うでしょう。キリスト者は皆サバイバーではないでしょうか。死ぬのが当然であったのに、死の中を潜って不思議に生かされた者たちです。自分では死ぬほかなかったのに、奇跡的に生かされた者たちです。私たちはキリストの犠牲によって神に赦され、生かされました。奇跡的に生かされた者には、生き延びる使命があり、生きて果たすべき責任があります。エリヤがそうであったように、キリスト者もまた生きて、果たすべき使命を与えられています。真の命の主である神を信じ、その栄光のために生き延び、そして主によって豊かに養われたことを伝えなければなりません。どんな砂漠のような時代にも、イエス・キリストのもとでの礼拝の中に、神に豊かに養われる道があることを伝えなければなりません。そのために私たちはキリスト者として立てられているのです。

列王記上一七章8－16節

サレプタのやもめの信仰

また主の言葉がエリヤに臨んだ。「立ってシドンのサレプタに行き、そこに住め。わたしは一人のやもめに命じて、そこであなたを養わせる」。彼は立ってサレプタに行った。町の入り口まで来ると、一人のやもめが薪を拾っていた。エリヤはやもめに声をかけ、「器に少々水を持って来て、わたしに飲ませてください」と言った。彼女が取りに行こうとすると、エリヤは声をかけ、「パンも一切れ、手に持って来てください」と言った。彼女は答えた。「あなたの神、主は生きておられます。わたしには焼いたパンなどありません。ただ壺の中に一握りの小麦粉と、瓶の中にわずかな油があるだけです。わたしは二本の薪を拾って帰り、わたしとわたしの息子の食べ物を作るところです。わたしたちは、それを食べてしまえば、あとは死ぬのを待つばかりです」。エリヤは言った。「恐れてはならない。帰って、あなたの言ったとおりにしなさい。だが、まずそれでわたしのために小さいパン菓子を作って、わたしに持って来なさい。その後あなたとあなたの息子のために作りなさい。なぜならイスラエルの神、主はこう言われる。
主が地の面に雨を降らせる日まで
壺の粉は尽きることなく
瓶の油はなくならない」。
やもめは行って、エリヤの言葉どおりにした。こうして彼女もエリヤも、彼女の家の者も、幾日も食べ物に事欠かなかった。主がエリヤによって告げられた御言葉のとおり、壺の粉は尽きることなく、瓶の油もなくならなかった。

先週は熊本地方で大きな地震災害が起きました。災害の中を生きるということは、普段の困難の倍の労苦、否、それ以上の労苦を負うことでしょう。災害の中をどう生きるか、それが列王記上一七章のテーマでもありました。今朝は、その二回目の箇所です。「また主の言葉がエリヤに臨んだ」(8節)というところから始まりました。飢饉の中、ギレアドのケリトの川のほとりに身を隠したエリヤでしたが、その川の水も涸れ果てました。そのとき主の言葉がエリヤに臨んで、「立ってシドンのサレプタに行き、そこに住め」と言われたのです。「わたしは一人のやもめに命じて、そこであなたを養わせる」と言います。シドンのサレプタはイスラエルの北西、地中海沿岸のフェニキア地方に位置する町です。カナンを挟んでギレアドの反対側にある町です。そこはギレアドと違って、バアル宗教の地域でした。しかし、その地も干ばつの苦しみの中にありました。サレプタの一人のやもめに命じて、あなたを養わせるというのは、ですから災害の中にいる異教の人に命じて、ということです。この女性はどういう人でしょうか。

エリヤがサレプタの町の入り口まで来ると、一人のやもめが薪を拾っているのが目に入りました。旧約聖書に「やもめの着物」（創三八14）という言葉が出てくる箇所があります。古代社会ではやもめはその服装で分かったようです。エリヤはやもめに声をかけ、少しの水とわずかな食物を持って来てくれるよう求めました。しかし、やもめはエリヤにわずかな食物も与えることのできない状況におりました。それは12節の言葉ですぐ分かります。「あなたの神、主は生きておられます。わたしには焼いたパンなどありません。ただ壺の中に一握りの小麦粉と、瓶の中にわずかな油があるだけです。わたしは二本の薪を拾って帰り、わたしとわたしの息子の食べ物を作るところです。わたしたちはそれを食べてしまえば、あとは死ぬのを待つばかりです」。「一握りの小麦粉」と「わずかな油」、それにいま拾ったばかりの「二本の薪」、それが生きていくために彼女が持っているすべてでした。自分の命だけでなく、彼女の子供の命もそれにかかっていました。それがサレプタのやもめの現実でした。彼女は飢饉に苦しむ社会全体の底辺にいた人です。現代の用語で言えば、格差社会の底辺の人と言うこともできるでしょう。災害時にも格差はあります。誰もが一様に苦しむわけではありません。特に苦しみの大きな人々がいるものです。

聖書は、その人間の現実を取り上げながら、経済問題、社会問題、あるいは格差問題を主題にして論じようとはしていません。食糧問題が確かに語られていますが、しかしそれが主題ではないのです。食べるに事欠く無力な人を神は用いてエリヤを養うと語っています。エリヤを養うということは、神の言葉を語り、神の御業を告げる者を養うことです。神の言葉とその言葉が告げる神の御業が重大なのです。エリヤを用いて神の言葉が語られ、その御業が告げられることは、預言者と使徒たちを土台にした教会に深く関係します。教会は、神の言葉を世に伝えます。その教会を神は災害の中で保持し、用います。エリヤを生かし支えることで、神は教会を生かし支えていると言うことができるでしょう。その時、極貧の異教のやもめが用いられたと聖書は語っているわけです。後に主イエスが「預言者は自分の故郷では歓迎されない」と語られたとき、このサレプタのやもめのことをお話になりました。「エリヤの時代に三年六か月の間、雨が降らず、その地方一帯に大飢饉が起こったとき、イスラエルには多くのやもめがいたが、エリヤはその中のだれのもとにも遣わされないで、シドン地方のサレプタのやもめのもとにだけ遣わされた」（ルカ四25－26）。そのようにして神はその御言葉によって御業を伝え続けられたのです。神は御業をなさるとき、生きるのに一層の困難を抱えた人を用いると言うのです。神の人事政策は、私たちのとはおよそ違って、余裕のある人が用いられるわけではありません。およそ余裕のない人が用いられます。

サレプタのやもめに信仰があったかと言えば、あったでしょうが、当初は異教の信仰でした。

聖書の神、主なる神を信じる信仰ではありませんでした。「あなたの神、主は生きておられます」というやもめの言葉は、自分は決して嘘をついていないということを表明するための表現です。「あなたの神」という言い方は、彼女自身が信じている神とは別の神という意味が込められています。彼女自身はバアル宗教の人でした。サレプタという町は、その地方の中心であるシドンの隣町です。シドンはサマリアにバアルの神殿を建てさせたアハブ王の妃、イゼベルの出身地です（王上一六31）。サレプタのやもめは、その地方の人として、農耕の神、雨の神バアルを信じてきたのです。そのあげく、今、飢饉の苦しみの中にいて、息子と共に死の直前にいます。それが彼女の状態です。この危機に臨んで、バアル宗教の姿勢は、彼女の言葉の中に明らかに示されています。「それを食べてしまえば、あとは死ぬのを待つばかりです」。豊穣をつかさどるバアル宗教の神は、飢饉に際しては死を待つばかりの宗教、諦めの宗教になっていました。しかし、このやもめが預言者エリヤを養う者に変えられたのです。そのとき、彼女は死を待つばかりの宗教から、生ける神の言葉に従い、命を与える神の御業に信頼する信仰に変えられています。自分を変えられながら、彼女はエリヤを支えたのです。そういう変化が預言者との出会いを通して、神の言葉に従うことによって起きたと言うのです。私たちは「死を待つばかりの宗教」になってはならないでしょう。そうでなく、生ける神の言葉を聞き、神の言葉に従い、命を与える神の御業に用いられ、信仰生活に生かされることができるのです。

やもめに対するエリヤの言葉は、「恐れてはならない。あなたの言ったとおりにしなさい」

です。つまり一握りの小麦粉とわずかな油、そして二本の薪で食べ物を作ることです。「だが、まずそれでわたしのために小さいパン菓子を作って、わたしに持って来なさい。その後あなたとあなたの息子のために作りなさい」。こう言ってエリヤは、イスラエルの神、主である神の言葉を伝えました。「主が地の面に雨を降らせる日まで／壺の粉は尽きることなく／瓶の油はなくならない」（14節）。

「壺の粉は尽きることなく／瓶の油はなくならない」という言葉をどう解釈するかという問題があるでしょう。現代科学に合致しない不合理な空約束のように思われるかもしれません。この非科学的な言葉をどう理解したらよいのでしょうか。信仰と科学の関係について今語る時間はありません。ただ一言添えれば、私たちは「主の祈り」を祈ります。その中で「われらの日用の糧を今日も与えたまえ」と祈っています。主イエスがそのように祈るように教えられました。そして私たちはその祈りが虚しく終わることはないと信じています。「今日の糧」を求めて神に祈ることは、非科学的なことではなく、神が生ける神であり、身体的にも、生理的にも、食糧的にも命を支えてくださる方と信じているので、祈るのです。そして今日も日用の糧を与えられて、命を支えられたことをあたりまえのどうでもよいことと考えず、神の御心によること、神の恵みと憐れみによって今日一日を生かされたと信じ、感謝します。生きることが当然のことではなく、大きな喜びのことと知るのです。

やもめは、死を待つばかりの宗教から、生きることを奇跡と知る信仰に変えられました。

節の言葉がそれを示しています。「やもめは行って、エリヤの言葉どおりにした」。「エリヤの言葉どおりにした」ということは、エリヤに語られた神の言葉どおりにしたということです。列王記上一七章は干ばつによる飢饉という死の中を潜る信仰を問題にしています。どのような信仰によって死の危機を潜って命に生かされるのでしょうか。エリヤ自身について言えば、5節の言葉が語っていました。「エリヤは主が言われたように直ちに行動し、ヨルダン川の東にあるケリトの川のほとりに行き、そこにとどまった」。やもめについても同様に言われます。「やもめは行って、エリヤの言葉どおりにした」(15節)。5節と15節は明らかに対応しています。御言葉を聞いて、それに従うことで、奇跡的に生かされたのです。それが、エリヤが死を潜って生きた道でしたし、このやもめが生かされた道でもありました。命の神の御言葉に信頼し、御言葉に従って奇跡的に生かされる、それは「死を待つばかり」とは違います。御言葉に聞いて、それに従い、神の憐れみによって生きる人生があるのです。ただ生きることが重大なのではありません。御言葉に聞いて、それに従い、神の憐れみに生かされ、そして用いられる人生を生きる。それこそが重大なことです。

しかし、そこに一つ厳しい問題があることも無視することはできないでしょう。エリヤの言葉どおりにして、神の言葉に従う、そして神に用いられるということは、越えなければならない一つのハードルを越えて行きます。それは「まず」と「その後」という優先順序の問題です。「まず、それでエリヤのために小さいパン菓子を作る」、「その後あなたとあなたの息子のために作りなさい」(13節)。この「まず」そして「その後」は、逆転させることができません。ということは、「まず」エリヤにパン菓子を作るとき、やもめは自分と自分の息子の命をある意味で捨てていなければならないのではないでしょうか。主イエスがこれと同様のことを言われました。「自分の命を救いたいと思う者は、それを失うが、わたしのため、また福音のために命を失う者は、それを救うのである」(マコ八35)。御言葉に聞いて従う道は、この厳しいハードルを越えていかなければなりません。神の憐れみによって生きることは、自分にしがみついて、自分中心に生きることではないのです。一端は自分と自分の子の命を神の憐れみの中に手離しています。それによって人生の中心を置き換えています。「やもめは行って、エリヤの言葉どおりにした」(15節)。この一語にどれほどの信仰の冒険が含まれていることでしょうか。優先順位を転換させ、人生の中心を自分から生ける神へと置き換えています。子供の人生と自分の人生にやみくもにしがみつくのでなく、それを手離して神の憐れみに委ねた瞬間があるのです。私たちも行って、主の言葉どおりにしなければなりません。それが聖書的信仰の人生であり、キリスト教信仰の人生です。

この道は厳しい道と言わなければならないでしょう。しかし、私たちにとっては、サレプタのやもめの場合よりもはるかに容易な道であると知らなければならないでしょう。なぜなら、私たちが自分の命にまさって優先させるのは、主イエスとその福音だからです。主イエスとその福音のために命を捨てるということは、確かに厳しい道ですけれども、しかし容易と言わなければならないでしょう。なぜなら、主イエスはすでに私たちのために命を捨てて、贖いの業をなさっておられるからです。主イエスは、御自分の命をなげうって、死に打ち勝ち、復活の主として今日も私たちと共にいてくださいます。主の福音は命の福音です。死に対する勝利の福音です。神の恵みの勝利を伝えている福音を信じて生きることは素晴らしいことではないでしょうか。

列王記上一七章17－24節

死のただ中にある命

その後、この家の女主人である彼女の息子が病気にかかった。病状は非常に重く、ついに息を引き取った。彼女はエリヤに言った。「神の人よ、あなたはわたしにどんなかかわりがあるのでしょうか。あなたはわたしに罪を思い起こさせ、息子を死なせるために来られたのですか」。エリヤは、「あなたの息子をよこしなさい」と言って、彼女のふところから息子を受け取り、自分のいる階上の部屋に抱いて行って寝台に寝かせた。彼は主に向かって祈った。「主よ、わが神よ、あなたは、わたしが身を寄せているこのやもめにさえ災いをもたらし、その息子の命をお取りになるのですか」。彼は子供の上に三度身を重ねてから、また主に向かって祈った。「主よ、わが神よ、この子の命を元に返してください」。主は、エリヤの声に耳を傾け、その子の命を元にお返しになった。子供は生き返った。エリヤは、その子を連れて家の階上の部屋から降りて来て、母親に渡し、「見なさい。あなたの息子は生きている」と言った。女はエリヤに言った。「今わたしは分かりました。あなたはまことに神の人です。あなたの口にある主の言葉は真実です」。

今朝は列王記上一七章の預言者エリヤの第三の物語をお読みいただきました。一七章には三つの話が記されています。第一の話では、飢饉の中、エリヤは「主の言葉」に従って、ケリトの川のほとりに身を隠し、朝夕、数羽の烏によって養われたとありました。二つ目の話は、「主の言葉」が臨んで、エリヤはサレプタに赴き、そこで貧しいやもめに会い、やもめはエリヤが告げる主の言葉に応えて、エリヤと自分たちの命をつないだという話でした。今朝の第三の話は、その女性の息子が病気にかかって死んだ、しかしその息子の命はエリヤの祈りによってもとに返されたという話です。どの話にも「命は死のただ中にある」というテーマが貫いていて、主は死のただ中にある命を支えたと語られています。そして一七章の最後は「あなたの口にある主の言葉は真実です」という信仰の言葉で結ばれています。ですから聖書が告げている福音は明らかです。主題は「命」、それも危険の中にある命です。全体は飢饉の中、災害の中にあります。その中で聖書が伝える福音は、「神は憐れみの神、死のただ中で命を守り、死に打ち勝つ神としてその真実を示す」ということです。

命が危険の中、死のただ中にあるということは、エリヤだけでなく、災害の中に生きるすべての人の経験に通じるでしょう。私たちにもある面分かることではないでしょうか。自分の命だけは別だ、まったく安全だと考えている人はいないでしょう。しかしだからと言って、不安に捕らえられ、何ものも死に打ち勝つことはできないと悲嘆に沈むのは信仰の道ではありません。聖書は、神こそは「命の神」であり、「死に勝利する神」であると伝えています。

今朝の第三の話は、元来は別の文脈にあったのが、サレプタのやもめの話に結び合わされたのかもしれません。と言いますのは、二番目の話の中ではやもめは貧しく、一握りの小麦粉と瓶の中のわずかな油を持つだけでした。それで、二本の薪を拾って、自分と息子のために最後の食べ物を作り、それを食べたら後は死ぬのを待つばかりでした。しかし第三の話では、「家の女主人」と言われ、彼女の家は立派な家で、「寝台」のある「階上の部屋」にエリヤを滞在させています。20節のエリヤの祈りの中に「わたしが身を寄せているこのやもめにさえ」という言葉があって、この家の女主人とサレプタの貧しいやもめを同一人として描いています。聖書はここでは貧富の格差問題をまったく無視しています。重大なのは生死の問題とそこに預言者が身を寄せているということです。そして信仰が重大だということです。

家の女主人はエリヤを「神の人」と呼んでいます。「神の人よ、あなたはわたしにどんなかかわりがあるのでしょうか。あなたはわたしに罪を思い起こさせ、息子を死なせるために来られたのですか」。あなたは何のためにわたしのところに来たのかと言うのです。「わたしに罪を思い起こさせ、わたしの息子を死なせるためか」と問います。「わたしに罪を思い起こさせるため」と「わたしの息子を死なせるため」が一気に語られ、強い表現になっています。神の人との出会いには危険な面があって、自分の罪を知らされ、罪の処罰として自分の最も大切なものを失う、そういう因果関係があるのかというのです。私の最も大切な人が死んだのは、わたしの罪のせいなのか、あなたが来たのはそのためなのか、と問うのです。

あなたは何のために来たのか、あなたは命の危険の中に何のために来たのか、と神の人、預言者は問われました。これは預言者と使徒を土台にする教会にも問われる言葉かもしれません。教会は何のために世にあるのか、伝道者は何のために世に来たのか、罪を思い起こさせ、罪の報いを告げるためか。大事な子供を奪われて、どう神を信じていけるか、神を信じて何になるか、多くの人が悲嘆の中で心に抱く問いではないでしょうか。

第一の話では、エリヤ自身の命が問題でした。そして数羽の烏が神の配慮を示し、エリヤを養ったのです。第二の話では、エリヤとサレプタのやもめとその子の命が問題でした。そしてエリヤの言葉に信頼したサレプタのやもめの信仰が彼らを助けました。この第三の話では、家の女主人の一人息子の命が問題です。そしてエリヤの祈りがそれを助けます。

エリヤは階上の部屋にその息子を抱いて行って、「主に向かって祈った」。「主に向かって祈った」と二回、20節と21節に記されています。「その息子の命をお取りになるのですか」と祈り、「主よ、わが神よ、この子の命を元に返してください」と祈りました。22節には「主は、エリヤの声に耳を傾け、その子の命を元にお返しになった。子供は生き返った」と続きます。聖書の中には一度ならず、死んだ人間が生き返らされたという話が出てきます。エリヤの後継者、預言者エリシャもやはり死んだ者を生き返らせます（王下四章）。ヨハネによる福音書にも主イエスがラザロを生き返らせた話があり（一一章）、ルカによる福音書にも主イエスがナインという町のやもめの一人息子を生き返らせたという話が出てきます（七章）。

古代人は生死の境目について明確に意識しなかったと言われます。現代人はこれまでは心臓死の考えで、脈拍と呼吸と瞳孔を見て死を確定しました。近年、脳死をもって人の死とするようになっています。古代人は絶望的な死の状態にあれば、死んだと見なしました。しかし、だからと言ってこの箇所は、本当は死んでいなかったという話ではありません。死に捕らえられた者を生き返らせたということは、主なる神は、死に対しても主であり、神は死の力を打ち破り、命を与えるということです。そのことを聖書は語っています。命は神のもの、神からの賜物と語っているわけです。

神はエリヤの祈りに耳を傾けることによって命の主であることを示し、命を生き返らせました。この箇所はですから、神の人の祈りを神は聞かれると伝えています。教会の祈りもまた神に聞かれるのではないでしょうか。それはどういう祈りでしょうか。新共同訳聖書は「主に向かって祈った」と訳しています。しかし本文は二つの動詞で記されていて、「主に向かって叫んだ。そして言った」というのがそのままの言葉です。20節も21節も同じです。「主に向かって叫んだ。そして言った」のです。それで22節には「エリヤの声に耳を傾け」とありますが、New English Bible は「神はエリヤの叫びを聞いた」と訳しています。一九五五年の口語訳聖書は「主に呼ばわって言った」と訳しました。それより文字通り、「主に向かって叫んで、そして言った」でよいのではないでしょうか。祈りには「叫ぶ」祈りがあるのです。粗野な表現であり、粗野な祈りです。しかしそれは神の前に飾らない祈りです。キリスト者の最も強力な働きは、神の前で飾らぬ祈りを捧げるところにあると言えるのではないでしょうか。スコットランドの女王メアリーは何ものも恐れないが、ジョン・ノックスの祈りだけは恐れると言ったそうです。公の礼拝での整った祈りも力を持っているでしょう。共に祈る人々にも良い影響を与え、教会全体の祈りの力を強め、信仰の徳を高めると思われます。信仰の筋道の上でも誤りのない祈りを、豊かな表現で祈ることができたら素晴らしいでしょう。しかしその場合にも、祈りの本心に、神の前に飾らぬ祈りがなければならないのではないでしょうか。階上の部屋で、自分一人で、粗野であってよい、叫ぶ祈りが必要です。「主よ、わが神よ、この子の命を元に返してください」。叫びは長々と続くものではありません。叫びは短くなります。説明もないでしょう。私たちの祈りの中に一言の叫びを持って祈ってよいのです。神に叫ぶことが許されています。否、叫びなさいと言われています。その叫びを神は聞く、その叫びが女主人の急場の危機を乗り越えさせる。神の助けが働きます。

神に叫んで祈ったエリヤは主の言葉に聞く人でした。主の言葉が臨む時、「エリヤは主が言われたように直ちに行動しました」。そう5節に記され、10節にも記されています。「主の言葉がエリヤに臨んだ」とき、「彼は立ってサレプタに行きました」。それは神の命令に従う信仰と言うべきでしょう。神の命令に従う信仰が神に叫ぶ祈りの根底にあります。御言葉に服する者が、その隣人が窮状に陥ったときに主に叫ぶのです。エリヤの服従とエリヤの叫びには神が主である、主なる神こそが主であることが現れています。

女主人は申しました。「今わたしは分かりました。あなたはまことに神の人です。あなたの口にある主の言葉は真実です」。「あなたの口にある主の言葉」とはどの言葉か、ここのどこに主の言葉が記されているかといぶかしく思うかもしれません。しかし、その必要はありません。「あなたの口にある主の言葉」、それは御言葉に従った預言者によって告げられる主の言葉です。あなたが告げる主、あなたが服従し、あなたが叫び祈った神は、真実だ、エメスである、アーメンだと言うのです。生ける神、未来を造り出す神、真実な神という信仰告白です。私たちの礼拝の信仰告白はこれと同一のものです。私たちが飾らぬ祈りの中で叫ぶとき、神はその叫びを聞いてくださり、真実な神であることを表してくださいます。

列王記上一八章1－19節

オバドヤ――主を畏れ敬う人

多くの日を重ねて三年目のこと、主の言葉がエリヤに臨んだ。「行って、アハブの前に姿を現せ。わたしはこの地の面に雨を降らせる」。エリヤはアハブの前に姿を現すために出かけた。

サマリアはひどい飢饉に襲われていた。アハブは宮廷長オバドヤを呼び寄せた――オバドヤは心から主を畏れ敬う人で、イゼベルが主の預言者を切り殺したとき、百人の預言者を救い出し、五十人ずつ洞穴にかくまい、パンと水をもって養った――。アハブはオバドヤに言った。「この地のすべての泉、すべての川を見回ってくれ。馬やらばを生かしておく草が見つかり、家畜を殺さずに済むかもしれない」。彼らは国を分けて巡ることにし、アハブは一人で一つの道を行き、オバドヤも一人でほかの道を行った。オバドヤが道を歩いていると、エリヤが彼に会いに来た。オバドヤはそれがエリヤだと分かって、ひれ伏し、「あなたは、エリヤさまではありませんか」と言った。エリヤは彼に言った。「そうです。あなたの主君のもとに行って、エリヤがここにいる、と言ってください」。オバドヤは言った。「わたしにどんな罪があって、あなたは僕をアハブの手に渡し、殺そうとなさるのですか。あなたの神、主は生きておられます。わたしの主君があなたを捜し出そうとして人を送らなかった民や国はないのです。彼らが、『エリヤはここにいない』と言えば、王はその国や民に、エリヤは見つからなかったと誓わせるほどです。今あなたは、『エリヤがここにいる、とあなたの主君アハブに言いに行きなさい』と言われる。しかし、わたしがあなたを離れれば、主の霊はあなたをわたしの知らないところに連れて行くでしょう。わたしがアハブに知らせに行っても、あなたが見つからなければ、わたしは殺されます。僕は幼いころから、主を畏れ敬っております。イゼベルが主の預言者を殺したときにわたしがしたことを、あなたは知らされてはいないのですか。わたしは主の預言者百人を五十人ずつ洞穴にかくまい、パンと水をもって養いました。今あなたは、『エリヤがここにいる、とあなたの主君に言いに行きなさい』と言われる。わたしは殺されてしまいます」。エリヤはこう答えた。「わたしの仕えている万軍の主は生きておられます。今日わたしはアハブの前に姿を現します」。

オバドヤはアハブに会って知らせたので、アハブはエリヤに会いに来た。アハブはエリヤを見ると、「お前か、イスラエルを煩わす者よ」と言った。エリヤは言った。「わたしではなく、主の戒めを捨て、バアルに従っているあなたとあなたの父の家こそ、イスラエルを煩わしている。今イスラエルのすべての人々を、イゼベルの食卓に着く四百五十人のバアルの預言者、四百人のアシェラの預言者と共に、カルメル山に集め、わたしの前に出そろうように使いを送っていただきたい」。

信仰者が戦いの中に置かれるのは、飢饉などの災害で命が脅かされるときだけではありません。政治の圧政によっても信仰者に戦いが強いられ、それが宗教的な弾圧に至れば、信仰をもって生きることは命がけの戦いにもなります。お読みいただいた列王記上一八章は、聖書の中で最も劇的な戦いが描かれている箇所の一つと言われます。今朝はその序章の部分を読みました。エリヤは紀元前九世紀の預言者ですが、当時のイスラエルは、ダビデやソロモンの後の時代で、南北に分裂し、北のイスラエル王国はアハブの支配下にありました。アハブとその妃イゼベルはバアル神やアシェラ神の宗教を重んじる政策を取り、エリヤは主なる神の言葉によって飢饉を預言したため、命を狙われるはめになりました。迫害の中、初めエリヤは神の導きによって、ケリトの川のほとりに身を隠しました。その川が涸れた後は、サレプタのやもめのもとに身を隠しました。今朝の箇所はエリヤがいよいよ王の前に姿を現した場面です。それを仲立ちしたのは、アハブの宮廷長を務めていたオバドヤという人物でした。オバドヤは「心から主を畏れ敬う人」であったと聖書は伝えています。王が異教的な宗教政策によって圧政を加える中、オバドヤはエリヤのように神の言葉を語って、真っ向から王に対抗する人物ではありませんでした。王の側近としてエリヤとはまったく違った身の処し方をしていました。しかし聖書は、この人物を「主を畏れ敬う人」であったと認めています。

オバドヤは宮廷長として王の信頼を得ていました。そのことは、干ばつが続く中、王と二人で分担して全国の水源調査をさせられたという記述によって明らかです。しかし水源調査をしたのは、人々のための飲料水や食糧獲得のためでなく、軍馬や荷を運ぶラバの飼料を確保するためでした。干ばつの中でも軍事力を維持するために必要な施策を取っていたということでしょう。

為政者の宗教政策は国の根本に関わり、人々の精神に深く影響するでしょう。総理大臣がわざわざ伊勢でサミットを行い、神主の同行で外国首脳を伊勢神宮の内宮に導き入れて、記念写真を撮るのは、明らかに神道重視の政策を表しているでしょう。しかし、どんな王の圧政下にも、そこに生きながら、ひそかに「主を畏れ敬う人」はいると聖書は語ります。それは預言者エリヤの戦いとは別で、表面の妥協の下で戦っているとも言えるでしょう。エリヤはもっと後の箇所で、預言者として激しく戦い、迫害を受ける中、「自分一人が残った」と感じることがありました（王上一九10）。激しく戦う者は時に孤独と悲観主義に陥ることがあるかもしれません。しかし、実は王のごく側近の中にも、「主を畏れ敬う人」はいるのです。オバドヤという名は「ヤハウェの僕」という意味があると言われます。そういう人がいることを無視してはならないでしょう。聖書は言います。「オバドヤは心から主を畏れ敬う人で、イゼベルが主の預言者を切り殺したとき、百人の預言者を救い出し、五十人ずつ洞穴にかくまい、パンと水をもって養った」(4節)。オバドヤがエリヤに語った言葉の中にもこれは出てきます。「僕は幼いころから、主を畏れ敬っております。イゼベルが主の預言者を殺したときにわたしがしたことを、あなたは知らされてはいないのですか。わたしは主の預言者百人を五十人ずつ洞穴にかくまい、パンと水をもって養いました」(12－13節)。

ヒトラーの圧政下にもオスカー・シンドラーのような実業家がいました。彼は自分の工場で働いていた千二百人のユダヤ人をドイツ国外に逃れさせ、虐殺から救いました。日本の天皇制軍国主義の圧政下にも杉原千畝のような外交官がいました。彼は外務省の訓令に反して六千人のユダヤ人にアメリカへの脱出のためのビザを発行したと言われます。

そうだからと言って聖書は、オバドヤのような隠れた仕方で主を畏れ敬っていればよい、それが信仰の本筋だと語っているわけでもありません。預言者エリヤがいてこそのオバドヤであり、預言者エリヤの戦いを支える仕方でオバドヤの役割もあったということでしょう。7節以下にオバドヤとエリヤの出会いが記されています。王と分担して軍馬の飼料を得る水源調査のために「オバドヤが道を歩いていると」、「エリヤが彼に会いに来ました」。「オバドヤはそれがエリヤだと分かって、ひれ伏し、『あなたはエリヤさまではありませんか』と言った」とあります。エリヤとオバドヤの出会いです。そしてエリヤはオバドヤに役割を与えようとしました。アハブ王を自分の前に引き出し、一対一での対面を設定させようとしたのです。「エリヤがここにいる」と王に伝えよと言います。しかし、その申し出にオバドヤは応じることができません。自分の命の危険を感じないわけにいかなかったからです。オバドヤは言います。「わたしの主君があなたを捜し出そうとして人を送らなかった民や国はないのです」、そこで「エリヤはここにいる」と伝えに行っている間に、あなたは姿を隠すでしょう。あなたでなくとも「主の霊」があなたを隠す。「わたしがあなたを離れれば、主の霊はあなたをわたしの知らないところに連れて行くでしょう。わたしがアハブに知らせに行っても、あなたが見つからなければ、わたしは殺されます」（12節）。王の側近として生きることは常に死と隣り合わせにいることでした。王が信頼できないことは当然でしたが、オバドヤは「主を畏れ敬う人」でありながら、預言者を信頼することもできなかったのです。「わたしは殺されます」という言葉が14節にも繰り返されます。「今あなたは、『エリヤがここにいる、とあなたの主君に言いに行きなさい』と言われる。わたしは殺されてしまいます」。

オバドヤの言い分を聞いていた預言者エリヤの次の言葉がオバドヤの不安を一掃します。そして預言者エリヤの戦いと王の側近でありつつ主を畏れる信仰に密かに生きてきたオバドヤを一つにしました。それが15節に記されているエリヤの言葉です。「わたしの仕えている万軍の主は生きておられます。今日わたしはアハブの前に姿を現します」。「万軍の主」（ヤーウェ・ツェバオス）。この表現は、列王記上ではここが初めてで、あとは列王記下にエリヤに関してもう一回出てくるだけです。しかしこの表現はイザヤ書、エレミヤ書、ゼカリヤ書、マラキ書、それに詩編に多く出てきます。「万軍の主」と神を呼ぶとき、契約の神が意味されていて、その内容は豊富です。しかし、エリヤの文脈でその意味は明らかです。オバドヤもエリヤも今命の危険の中にいます。しかし、その中でエリヤはもう姿を隠さない、神の命令によって王の前に姿を現す、それゆえ「わたしが仕えている万軍の主は生きておられる」、このことを信じよ、それによって「生ける万軍の主に仕えている」契約の中にある自分を信じて、「エリヤがここにいる」と王に伝えよ、と言っているわけです。これは信頼を求める誓いの言葉です。「万軍の主」は「偉大な畏れるべき神」を意味しますが、同時に「契約を守り、真心を示す真実な神」を示しています。そして「命の主なる神」を表します。

エリヤが発した最初の言葉は、「イスラエルの神、主は生きておられる」（王上一七1）でした。アハブ王に対して言いました。「わたしの仕えているイスラエルの神、主は生きておられる。わたしが告げるまで、数年の間、露も降りず、雨も降らないであろう」。今は「万軍の主」と言い表されます。オバドヤもエリヤもこの神を信じ、畏れ敬っています。

「オバドヤはアハブに会って知らせたので、アハブはエリヤに会いに来た」と聖書は語り続けます。いよいよ旧約聖書最大の山場の一つ、カルメル山における預言者エリヤの戦いの記述に向かっていきます。預言者はキリスト教会の土台の一つ（エフェ二20）です。預言者とは何者でしょうか。ダビデ王が罪を犯したとき、「あなたがその人だ」と言って指弾したのは預言者ナタンでした。ユダの王ウジヤとイスラエルの王ヤロブアムに対しては預言者アモスが対しました。ウジヤの孫アハズに対しては預言者イザヤが、「信じなければ、あなたがたは確かにされない」（イザ七9）と語りました。そしてアハブ王に対してはエリヤです。こういう預言者の存在が、王の権力を神の前に制限します。権力分散や三権分立の思想的起源には預言者がいるとも言われます。

預言者的信仰に立つとき、教会は重大な意味を持ってきます。教会は万軍の主を信じ、万軍の主に祈ることができます。ヤコブの手紙には、不正を受けた人々の叫びが「万軍の主の耳に達した」と表現され、「兄弟たち、主の名によって語った預言者たちを、辛抱と忍耐の模範としなさい」（ヤコ五10）と語られています。「万軍の主に叫ぶことができる」ことは、教会の勇気と忍耐の拠り所です。その主に仕える者が約束に忠実に振る舞うことも当然でしょう。「万軍の主」は戦争の神の意味ではありません。正義と全能の神で、詩編四六編は「万軍の主はわたしたちと共にいます」と歌い、「主はこの地を圧倒される。地の果てまで、戦いを断ち、弓を砕き槍を折り、盾を焼き払われる」と歌いました。私たちもまた比べるもののない、正義と全能の神、「万軍の主」に贖われ、仕えています。その信仰に誠実であるとき、万軍の主に仕えることは、信仰者同士の信頼の支えにもなります。信仰者は万軍の主に仕える時に命の危険の中でも一つの群れにされています。使徒信条を告白し、「我は天地の造り主、全能の父なる神を信ず」と言います。そして、「その独り子、我らの主、イエス・キリストを信ず」と言います。そのとき私たちは「万軍の主」を信じ、主に仕えているのです。

バアルか主なる神か

列王記上一八章20－40節

アハブはイスラエルのすべての人々に使いを送り、預言者たちをカルメル山に集めた。エリヤはすべての民に近づいて言った。「あなたたちは、いつまでどっちつかずに迷っているのか。もし主が神であるなら、主に従え。もしバアルが神であるなら、バアルに従え」。民はひと言も答えなかった。エリヤは更に民に向かって言った。「わたしはただ一人、主の預言者として残った。バアルの預言者は四百五十人もいる。我々に二頭の雄牛を用意してもらいたい。彼らに一頭の雄牛を選ばせて、裂いて薪の上に載せ、火をつけずにおかせなさい。わたしも一頭の雄牛を同じようにして、薪の上に載せ、火をつけずにおく。そこであなたたちはあなたたちの神の名を呼び、わたしは主の御名を呼ぶことにしよう。火をもって答える神こそ神であるはずだ」。民は皆、「それがいい」と答えた。

エリヤはバアルの預言者たちに言った。「あなたたちは大勢だから、まずあなたたちが一頭の雄牛を選んで準備し、あなたたちの神の名を呼びなさい。火をつけてはならない」。彼らは与えられた雄牛を取って準備し、朝から真昼までバアルの名を呼び、「バアルよ、我々に答えてください」と祈った。しかし、声もなく答える者もなかった。彼らは築いた祭壇の周りを跳び回った。真昼ごろ、エリヤは彼らを嘲って言った。「大声で呼ぶがいい。バアルは神なのだから。神は不満なのか、それとも人目を避けているのか、旅にでも出ているのか。恐らく眠っていて、起こしてもらわなければならないのだろう」。彼らは大声を張り上げ、彼らのならわしに従って剣や槍で体を傷つけ、血を流すまでに至った。真昼を過ぎても、彼らは狂ったように叫び続け、献げ物をささげる時刻になった。しかし、声もなく答える者もなく、何の兆候もなかった。

エリヤはすべての民に向かって、「わたしの近くに来なさい」と言った。すべての民が彼の近くに来ると、彼は壊された主の祭壇を修復した。エリヤは、主がかつて、「あなたの名はイスラエルである」と告げられたヤコブの子孫の部族の数に従って、十二の石を取り、その石を用いて主の御名のために祭壇を築き、祭壇の周りに種二セアを入れることのできるほどの溝を掘った。次に薪を並べ、雄牛を切り裂き、それを薪の上に載せ、「四つの瓶に水を満たして、いけにえと薪の上にその水を注げ」と命じた。彼が「もう一度」と言うと、彼らはもう一度そうした。彼が更に「三度目を」と言うと、彼らは三度同じようにした。水は祭壇の周りに流れ出し、溝にも満ちた。献げ物をささげる時刻に、預言者エリヤは近くに来て言った。「アブラハム、イサク、イスラエルの神、主よ、あなたがイスラエルにおいて神であられること、またわたしがあなたの僕であって、これらすべてのことをあなたの御言葉によって行ったことが、今日明らかになりますように。わたしに答えてください。主よ、わたしに答えてください。そうすればこの民は、主よ、あなたが神であり、彼らの心を元に返したのは、あなたであることを知るでしょう」。

するると、主の火が降って、焼き尽くす献げ物と薪、石、塵を焼き、溝にあった水をもなめ尽くした。これを見たすべての民はひれ伏し、「主こそ神です。主こそ神です」と言った。エリヤは、「バアルの預言者どもを捕らえよ。一人も逃がしてはならない」と民に命じた。民が彼らを捕らえると、エリヤは彼らをキション川に連れて行って殺した。

キリスト教信仰はただ神のみを真に神として信じる信仰です。しかし私たちの日常生活は、神以外のいろいろなものにも価値を置いて成り立っています。ときには、信仰を脇にやって、別のものに心を寄せているときもあるのではないでしょうか。ときには、あなたは神を真実に信じ、誠実に信仰を生きているかと問われるときもあるでしょう。そう問われる状況を「信仰告白的状況」と言います。「あなたたちは、いつまでどっちつかずに迷っているのか」、今朝の聖書の箇所は、イスラエルの民にそう迫った預言者エリヤの言葉を伝えています。この聖書箇所が宗教改革記念日の説教箇所の一つとしても挙げられています。「あなたたちは、いつまでどっちつかずに迷っているのか。もし主が神であるなら、主に従え。もしバアルが神であるなら、バアルに従え」。「信仰告白的状況」の問いです。古代教会の時代、ローマ皇帝が自ら神として崇拝されることを要求したことがありました。「皇帝が神か、キリストが神か」と問われ、殉教者が出たこともあったのです。日本の教会も「天皇か、それともキリストか」と問われたことがありました。「どっちも」と答えることはできません。信仰の覚悟が問われます。

「民はひと言も答えなかった」と21節に言われます。そしてエリヤの激烈な戦いが記され、最後の39節になって「これを見たすべての民はひれ伏し、『主こそ神です。主こそ神です』と言った」と、信仰告白の言葉で結ばれます。

列王記上一八章は旧約聖書の中で最も激烈な戦いが記されている箇所の一つと言われます。預言者エリヤを伝える聖書本文は複雑な成立過程を辿って私たちの聖書に記されている最終的な文章になりました。預言者エリヤの伝承にはアハブ王の悪政の問題があり、神が三年にわたって干ばつを下したとも記されています。しかし今朝の箇所では、王の信仰が問題とは記されていません。問題はイスラエルの民の不信仰で、いつまでもどっちつかずに迷っている民の状態が問われています。王の不信仰でなく民の不信仰が問題です。おそらく預言者エリヤには初めは「干ばつや飢饉」、やがて「民の不信仰」が問題になったのではないでしょうか。

信仰がどっちつかずになる危険は、カナンの地にイスラエルの民が後から入ったのですから、常にありました。というのは、先住民はすでにさまざまな宗教を持って生きていたからです。また後にイスラエルの人々は、主だった人々がバビロン捕囚によって強制移住させられる経験をしました。その時にも、バビロニアの宗教神マルドゥクか、それとも主なる神を信じるかが問われました。主イエスがヤコブの井戸辺で語り合ったサマリアの女に「あなたには五人の夫」がいたと言われたのも、サマリアに複雑な宗教事情があったことを意味していたと解釈されることがあります。

どっちつかずの迷いの中から民の心が主なる神に戻されたのはどのようにしてでしょうか。エリヤの提案は、どちらが「祈りに答える神」かを知るということでした。「火をもって答える神こそ神であるはずだ」。その言葉にバアルの預言者たちは逆らえず、彼らの方の人数が遥かに多かったので初めに祭壇を築き、そこに犠牲を載せて、神の名を呼びました。「バアルよ、我々に答えてください」。そう叫び続けました。しかし声もなく、答える者もありませんでした。エリヤの痛烈な嘲《あざけ》りが記され、ついにバアルの預言者たちは自分の身を傷つけ血を流しながら神に求めるという自虐的宗教の狂騒状態に陥ったと記されています。しかし何事も起きませんでした。次にエリヤがイスラエルの方式に則って祭壇を築きました。しかも犠牲の上に何度も水を注ぎ、火が降りにくくしたと言われます。聖書はまるで三年の間、日照りがすでに続いているのを忘れたかのように叙述しています。そしてエリヤの祈りがささげられました。

「すると、主の火が降って、焼き尽くす献げ物と薪、石、塵を焼き、溝にあった水もなめ尽くした」（38節）というのです。

聖書の中では「火」は神の臨在を示すしるしです。神の力強さを表現します。主の火が降って、献げ物のすべてをなめ尽くす。神の強烈な力が示され、それが人々に心を変えさせたというのです。つまり、火の奇跡による神の介入、献げ物をはっきりと受け入れる生ける神の奇跡を聖書は描いています。

パウロはコリントの信徒への手紙一の中で、「ユダヤ人はしるしを求め、ギリシア人は知恵を探す」（一22）と記しました。ユダヤ人たちは、あの紅海徒渉による出エジプトという神の奇跡を経験した民です。その出来事によって神の強烈な救いを経験しましたから、「しるし」つまり「奇跡」を求める民になりました。私たちにもそういう気持ちが起きるときがあると思います。

先日、ホーリネスの群れの集会で一人の信徒の証しを聞く機会がありました。お父上がホーリネス教会の牧師で、戦時中のホーリネス弾圧を満州で経験したのだそうです。父親は牢獄に入れられ、家族は恥辱と貧しさで辛酸をなめたと話されました。何とか帰国してきたところ、父親は戦後も困難な入植地での開拓伝道をやめようとしない。それを見て、長男として家族を守りたい気持ちのあまり、父親を憎んだ、「ぶんなぐってやろうか」と思ったという話です。その貧しさと父親との葛藤の中で信仰もないままに、必死に奇跡を求めていたというのです。そのとき、こういう自分が今日もこうして生きていること自体が神の奇跡だと気付いたという話でした。

奇跡を求める気持ちは誰にでも起きるでしょう。自分や家族が難病に襲われれば、癒しの奇跡を求めます。伝道がもっと勢いよくなされるように、豊かなタレントを神から与えられた伝道者が出現して圧倒的な伝道活動を推進するように、私はそういう奇跡も求めています。私たちも「火を降して」応えるよう神に求めてはいけないでしょうか。パウロは言います。「ユダヤ人はしるしを求め、ギリシア人は知恵を探しますが、わたしたちは、十字架につけられたキリストを宣べ伝えています。すなわち、ユダヤ人にはつまずかせるもの、異邦人には愚かなものですが、ユダヤ人であろうがギリシア人であろうが、召された者には、神の力、神の知恵であるキリストを宣べ伝えているのです」（Ⅰコリ一22－24）。

神の力強い臨在を示し、神の強力な介入を示す神の奇跡は起きているのです。カルメル山上のずぶ濡れになった犠牲を焼き尽くした奇跡も奇跡でしょうが、それにまさる強烈な神の臨在と歴史への介入がキリスト、それも十字架につけられたキリストによって起きています。神は、どっちつかずでいる私たちのために独り子を惜しむことなく死に渡され、私たちの罪を御子キリストの十字架の上に負われて、処断し、御子と御自身の痛みを通して神の憐れみの義を示されました。裂かれたのは雄牛ではなく、独り子なる神キリストであって、父と子と聖霊なる神の中心に、今日も私たちの救いのための主の十字架が揺るぎなく打ち建てられています。あのホーリネスの牧師の子が、父親をぶんなぐってやりたいという心の葛藤の中に、こういう自分が今日このように生かされているのが神の奇跡だと気付いたというのですが、私たちもそうで、私たちの今日の存在の背後に、そして今日の現実の根底に主の十字架が立ち続けています。主イエスの十字架による父、子、御霊の憐れみの出来事が今日も進行しています。ですから、エリヤの言葉は私たちにも、当てはまるのではないでしょうか。「主よ、あなたが神であり、彼らの心を元に返したのは、あなたであることを知るでしょう」。神御自身が私たちの心を繰り返しもとに戻します。信仰の曖昧な状態からキリストを身近に仰ぐとき、私たちは信仰に引き戻されるでしょう。そして民がひれ伏して語った言葉も、そのまま私たちに当てはまります。「すべての民はひれ伏し、『主こそ神です。主こそ神です』と言った」とあります。

列王記上一八章の山場は、神の強烈な臨在にあります。それによってどっちつかずの民がその迷いの状態から、明確な信仰へと転換させられたことにあります。それからしますと、40節にある「エリヤは彼らをキション川に連れて行って殺した」という凄惨な記述は中心ではありません。それ以前にアハブの妻イゼベルが多くの主の預言者を殺害しました。殺害に対して殺害をもって報復したということでしょう。しかし、報復は何の解決にもなりません。解決は神の力強い臨在にあります。この点で教会は、報復のエリヤに従うことはしません。人道主義に反するからでしょうか。そうでなく、主イエスが報復や殺害をお許しにならないからです。ルカによる福音書が伝えています。主イエスがエルサレムに向かう途中、サマリアの村人はイエスを歓迎しませんでした。「弟子のヤコブとヨハネはそれを見て、『主よ、お望みなら、天から火を降らせて、彼らを焼き滅ぼしましょうか』と言った」（ルカ九54）とあります。それは、明らかに今日の聖書の箇所を思い起こしてのことです。しかし、「イエスは振り向いて二人を戒められた」というのです。主イエスが十字架への道を歩んだのは、サマリアの人々のためにでもあったのです。

私たちはどっちつかずの迷いの中で礼拝に来ることがあります。信仰が煮え切らず、迷いの中にあっても礼拝には来るべきです。来てよいのです。しかし、どっちつかずの状態で礼拝を終えることはできないでしょう。主の十字架のもとで捧げられる私たちの礼拝に、主なる神は臨在し、強烈な救いの力を発揮されます。あのゴルゴタの主の十字架の傍らで、ローマの百人隊長が「本当に、この人は神の子だった」と語ったように、私たちも言わなければなりません。生けるキリストの臨在に感謝し、「主こそ神である」と。この信仰の告白をもって一週間の生活に歩み出すのではないでしょうか。それが主の十字架のもとで捧げられる私たちの礼拝です。

海のかなたの小さな雲

列王記上一八章1―2、41―46節

多くの日を重ねて三年目のこと、主の言葉がエリヤに臨んだ。「行って、アハブの前に姿を現せ。わたしはこの地の面に雨を降らせる」。エリヤはアハブの前に姿を現すために出かけた。

サマリアはひどい飢饉に襲われていた。……

エリヤはアハブに言った。「上って行って飲み食いしなさい。激しい雨の音が聞こえる」。アハブは飲み食いするために上って行き、エリヤはカルメルの頂上に上って行った。エリヤは地にうずくまり、顔を膝の間にうずめた。「上って来て、海の方をよく見なさい」と彼は従者に言った。従者は上って来て、よく見てから、「何もありません」と答えた。エリヤは、「もう一度」と命じ、それを七度繰り返した。七度目に、従者は言った。「御覧ください。手のひらほどの小さい雲が海のかなたから上って来ます」。エリヤは言った。「アハブのところに上って行き、激しい雨に閉じ込められないうちに、馬を車につないで下って行くように伝えなさい」。

そうするうちに、空は厚い雲に覆われて暗くなり、風も出て来て、激しい雨になった。アハブは車に乗ってイズレエルに向かった。主の御手がエリヤに臨んだので、エリヤは裾をからげてイズレエルの境までアハブの先を走って行った。

列王記上一八章は前半で、カルメル山上のエリヤの激しい戦いを伝えました。「バアルか、それとも主なる神か」、信仰告白的状況に立たされた民に対して、真実の信仰への立ち返りを迫る預言者の激しい戦いが記されたわけです。ところが今日の箇所は、その直後の聖書の箇所で、同じカルメル山上でのエリヤのもう一つ別の姿を伝えています。聖書が成立するまでには伝承の複雑な経過があったようです。預言者エリヤの伝承も幾つもの層があったようで、おそらく今朝の箇所の方が直前のバアルの預言者との激しい戦いの伝承よりも、古い層に属すると思われます。一八章冒頭には「多くの日を重ねて三年目のこと、主の言葉がエリヤに臨んだ」とありました。三年目とは一七章冒頭にあった「数年の間、露も降りず、雨も降らないであろう」と最初に告げられてから「三年目」ということでしょう。「行って、アハブの前に姿を現せ。わたしはこの地に雨を降らせる」。エリヤは主の言葉を受けて、アハブの前に姿を現すために出かけました。そして今朝の41節に続きます。

エリヤはアハブに言います。「上って行って飲み食いしなさい。激しい雨の音が聞こえる」。

この文脈ではアハブ王はまったくの邪悪な王ではなく、長い飢饉に直面して飲み食いを控えていたようです。雨乞いのため断食をしていたのかもしれません。しかしそれはもう終わりにしてよい、飲んだり食べたりしてよいと言うのです。預言者はさらに「激しい雨の音が聞こえる」とも語りました。飢饉はまだ終わっていません。しかし「この地に雨を降らせる」との主の言葉が与えられました。御言葉を受けて、エリヤは飢饉の中で、その言葉を信じて、激しい雨が降る音をすでに聞いていると言うのです。

続いてエリヤはカルメル山の頂上に上り、そこで「地にうずくまり、顔を膝の間にうずめた」とあります。祈りの姿です。彼は従者に言います。「上って来て、海の方をよく見なさい」。カルメル山はイスラエルの北西の地、地中海の沿岸線に沿って少し海に突き出た場所にある山です。その頂上から地中海の水平線のかなたまで見渡すことができます。三年も日照りが続き、雲一つない紺碧の空がはるか西の果て、地中海の水平線まで続いています。従者は山頂に上って来て、よく見渡してから言いました。「何もありません」。どこまでも青い海と青い空です。それ以外何もありません。「もう一度」とエリヤは顔を膝にうずめたまま言います。それが七度繰り返されました。地にうずくまり、膝の間に顔をうずめたエリヤの祈りは続きました。そして七度目に従者は言いました。「御覧ください。手のひらほどの小さい雲が海のかなたから上って来ます」。紺碧の青空の水平線から手のひらほどの小さな雲がやってくる。エリヤは従者に言います。「アハブのところに行って、激しい雨に閉じ込められないうちに馬車で下って行くように」と。

司馬遼太郎が「明治の精神」を小説に描いたとき、「坂の上の雲」という表題をつけました。「坂の上」を見上げ、そこに一団の雲が浮かんでいれば、その雲を目標にして坂道をどんどん上って行くだろう、そういう積極的で活動的、そして楽天的な時代精神があった、と作家は語りました。それが事実なら何とも明るい話です。しかし、その坂道は人間の罪と苦難の歴史を行く道ですから、どこまでも上り坂ではありません。結局は転げ落ちるようにして昭和の暗い戦争に突入しました。日本の内外六百万人に及ぶ犠牲者を生んだ歴史になったのです。坂の上の雲もまた暗転し、暗い時代の嵐にならないわけにいきませんでした。歴史は人間の罪と苦難の歴史です。

しかし今朝、聖書が伝えるのは、その人間の罪と苦難の歴史の中で、「海のかなたに小さな雲」が湧くという話です。それは人間の行動目標ではありません。そうでなく、主なる神が歴史の中に働いているしるしです。御言葉は人間の罪過が入り混じって起きた飢饉を終わらせる恵みの雨の到来を告げます。「そうするうちに、空は厚い雲に覆われて暗くなり、風も出て来て、激しい雨になった」。するとエリヤは思わぬ行動に出ました。「主の御手がエリヤに臨んだので、エリヤは裾をからげてイズレエルの境までアハブの先を走って行った」(46節)と言うのです。裾をからげて疾走する滑稽とも思える預言者のこの姿は何を意味するのでしょうか。イズレエルは地名で、そこにはアハブの宮殿がありました。アハブは激しい雨に閉じ込められないようにというエリヤの忠告を聞いて、カルメル山から二十五キロ離れたその町の王宮に馬車で逃れたわけです。エリヤはそのアハブの先を走って行きます。この二十五キロの疾走にいったいどんな意味があるのでしょうか。エリヤは主の預言者、神とその御業を伝え、御言葉を語る預言者です。三年の飢饉が終わり、今、主なる神が激しい雨をもたらしました。歴史の解決は主なる神から来ます。王からではありません。ですから、王に先立って、神の御業を告げる預言者が走らなければならないのです。預言者と使徒を土台にする教会は、王に先立って疾走する預言者エリヤの姿に倣わなければならないでしょう。

今朝の聖書が伝えているのは、歴史とその中の人生は、ただ人間の罪と苦難のときであるだけではない、その中に働く神の業があり、主の力が働いているということです。「うずくまって祈るエリヤ」と、一転して「疾走するエリヤ」、預言者のこの対照的な二つの姿の背後に主なる神がおられます。歴史の主である神の力が働いています。ある聖書の注解書は、この段落全体の表題を「主の力」と記しました。正しい聖書の読み方だと思います。今朝の説教題は「海のかなたの小さな雲」としました。それは「主の力」が働くと約束し、その力が将来を切り開いてくださることを示しています。歴史は人間の高慢と愚かさの場所のように思われます。私たちの人生もそうでしょう。しかし聖書は、その中に主である神の力が支配していると告げます。主イエスの十字架が歴史の中に立つのは、人間の罪と、人間の悪、そして人間の苦難を示します。しかし、その主の十字架は神の贖いの御業であり、主の力が働いて、人類の難問、歴史の苦難を克服し、解決してくださっています。主の十字架は、主の力が私たちの人生を贖い、罪と悪と苦難に勝利した出来事です。主の十字架を通して主の力が歴史と人生を支配しています。それを信じて証言するために教会は召され、主の御言葉を受け、うずくまって祈ると共に、王に先立って疾走し、主の恵みの勝利を伝えます。

今日、高齢化社会になって、教会も高齢の方が多くなりました。信仰生活を表すのに「走る」という言葉は使いにくいかもしれません。私自身も含めて、もう何年も走ったことのない方が多いのではないでしょうか。せいぜい歩くのみです。しかし聖書を見ますと、信仰生活は「歩む」と表現されている箇所ばかりではないことに気づかされます。

たとえばパウロは、使徒としての自分の人生を「走る」「走ってきた」と表現しています。ガラテヤの信徒への手紙（二2）やフィリピの信徒への手紙（三14）で分かります。パウロは使徒としての自分だけでなく、教会の人々に対しても「あなたがたは、よく走っていました」（ガラ五7）と語りかけています。そして「あなたがたも賞を得るように走りなさい」（Ｉコリ九24）と勧めてもいます。パウロだけではありません。ヘブライ人への手紙も「すべての重荷や絡みつく罪をかなぐり捨てて、自分に定められている競争を忍耐強く走り抜こうではありませんか」（一二1）と語りかけています。パウロはまた「自分が走ったことが無駄でなく、労苦したことも無駄ではなかったと、キリストの日に誇ることができるでしょう」（フィリ二16）とも語っています。信仰生活を「走る」と言うのは、「目標があり、賞を得る」ための走りでしょう。そして「労苦」を忍ぶこともあり、それが無駄でない走りです。そしてそのために「神に召された」のです。

「神の召し」は神からのコーリングとしてよく職業と結び合わせて理解されました。しかし今日、職業生活は六十五歳まで、あるいはせいぜい七十歳まででしょう。しかしその先に人生は二十年、ときには三十年続きます。職業生活を終えても「神の召し」は続いています。神の召しは職業よりも長く、もっと根本的で、私たちの人生の全部を包括しています。召しを受け、キリストのものとされたなら、最後まで、キリストの義と真実を身にまとって神の御前に立つところまで行くものです。目標は、神の国での神とのまったき交わりの中にあり、主にある兄弟姉妹と共に生きるところにあります。

今朝は、カルメル山上にあって、バアルの祭司たちと戦ったエリヤと異なる、もう一つのエリヤの姿から学びました。地にうずくまり顔を膝の間にうずめて祈るエリヤ、そこに御言葉に聞こうとする教会の姿と私たちの生き方を学びました。そして海のかなたの小さな雲に歴史の主である神の働きを受け取り、王の前を二十五キロ疾走するエリヤの姿に学びました。エリヤを走らせたのは主の力です。聖書は告げています。「主の御手がエリヤに臨んだので」と。主の御手が臨むとは、神の霊による力、神のエネルギーの中でということです。教会と信仰者の人生は、神の力の中に置かれています。主の力に押されています。人間の力だけで走れるものではありません。目標に向かって背中を押してくださる主の御手があります。主の御手が臨み、主の御手に背中を押され、主の召しに応えて走る、そういう信仰の走りがあるのです。

列王記上一九章1－8節

起きて食べよ

アハブは、エリヤの行ったすべての事、預言者を剣で皆殺しにした次第をすべてイゼベルに告げた。イゼベルは、エリヤに使者を送ってこう言わせた。「わたしが明日のこの時刻までに、あなたの命をあの預言者たちの一人の命のようにしていなければ、神々が幾重にもわたしを罰してくださるように」。

それを聞いたエリヤは恐れ、直ちに逃げた。ユダのベエル・シェバに来て、自分の従者をそこに残し、彼自身は荒れ野に入り、更に一日の道のりを歩き続けた。彼は一本のえにしだの木の下に来て座り、自分の命が絶えるのを願って言った。「主よ、もう十分です。わたしの命を取ってください。わたしは先祖にまさる者ではありません」。彼はえにしだの木の下で横になって眠ってしまった。御使いが彼に触れて言った。「起きて食べよ」。見ると、枕もとに焼き石で焼いたパン菓子と水の入った瓶があったので、エリヤはそのパン菓子を食べ、水を飲んで、また横になった。主の御使いはもう一度戻って来てエリヤに触れ、「起きて食べよ。この旅は長く、あなたには耐え難いからだ」と言った。エリヤは起きて食べ、飲んだ。その食べ物に力づけられた彼は、四十日四十夜歩き続け、ついに神の山ホレブに着いた。

厳しい仕事に追い立てられ、しかもそれが長期にわたれば、誰でも燃え尽きるような疲労感に襲われるでしょう。その疲労が激しいと自分がこれまでやってきたことにいったいどんな意味があるのか分からなくなるときもあるのではないかと思います。生きる力が萎え、達成感もなく、もうたくさんだという気持ちになることは、誰にも多少の経験はあるのではないでしょうか。疲労のあまりの一種の絶望感と言ってもよいかと思います。列王記上一九章はそうした絶望感に襲われた預言者エリヤを描いています。一八章であの激烈な戦いを戦ったエリヤでした。しかしその彼に挫折が襲い、エリヤは絶望感に陥ったと聖書は伝えます。

ことはアハブ王がエリヤの行ったすべてのこと、特にバアルの預言者を剣で皆殺しにしたという一八章40節に記されたことを妻のイゼベルに告げたことがきっかけでした。アハブの妃イゼベルはエリヤに使者を送って言わせました。「わたしが明日のこの時刻までに、あなたの命をあの預言者たちの一人の命のようにしていなければ、神々が幾重にもわたしを罰してくださるように」。つまり、二十四時間以内にお前を殺すという復讐の通告をエリヤは受けたわけです。「それを聞いたエリヤは恐れ、直ちに逃げた」（3節）と記されています。イゼベルが使者に言わせた2節の言葉には別の写本があって、「お前があのエリヤなら、私はあのイゼベルだ」

と記されているそうです。復讐心に駆られてエリヤの命を狙うイゼベルの執念は尋常ではなく、ものすごいものでした。

イゼベルの執念を恐れて、エリヤは直ちに逃げ、ユダのベエル・シェバに至りました。北王国から南王国に、それもその南端の国境近くまで逃げたわけです。エリヤが活躍したカルメル山はイスラエルの北端に近い場所ですから、北の端から南の端まで対極の地に逃亡したことになります。彼はそこでそれまで一緒に行動してくれた従者も残して、自分一人、さらに荒れ野に入り、一日の道のりを歩き続けたと記されています。そのベエル・シェバの荒れ野で、「一本のえにしだの木」の下にエリヤは座り、自分の命の絶えるのを願って言いました。「主よ、もう十分です。わたしの命を取ってください」。それが戦いに疲れ果て、絶望感に襲われたエリヤの言葉でした。彼がこの状態に陥った原因は、推測できるでしょう。彼は戦うことに疲労困憊しました。神の召しを受けて、御言葉に従い、困難に満ちた預言者の人生を戦ってきました。しかし、決定的に勝利したかに見えたカルメル山上の戦いも、実はなお未決着であって、いったい戦いはいつまで続くのかという思いがあったでしょう。そのうえ今回は、権力者である王の妃の執念深い攻撃にさらされ、命を奪われようとしています。逃亡の果てに精根尽き果て、もう十分だ、もうこれまでだという心境になったとしても誰も不思議には思わないでしょう。しかし、理由はそれだけではなかったと思われます。彼の次の言葉は、彼の心の奥の隠された思いを表しています。「わたしは先祖にまさる者ではありません」とエリヤは神に言ったというのです。つまり、「わたしは父祖たちより強くない」と言ったというのです。この言葉は、おそらくエリヤの心の底に湧いた言い訳の言葉です。エリヤの気持ちの中に、いつ果てるともしれない信仰の戦いに勝利できない自分の力不足を、神の前に言い訳する気持ちが生まれていたということでしょう。

エリヤの力不足を神は御存じであり、そのことからエリヤは、神から見損なったと思われていると受け取ったのではないでしょうか。神ががっかりしておられるとエリヤには思えてならなかったのでしょう。もっと言えば、自分は神から評価されていない、むしろ「失格者」と見なされているという疑いがあったでしょう。そして神から評価されていないのは、当然という思いが彼自身にもありました。「わたしは先祖にまさる者ではありません」。「わたしは立派な信仰者ではありません」。ですから、神の前に立てる者でなく、むしろ神と共にいることが心苦しいという心境ではないでしょうか。与えられた使命を果たせない不甲斐ない自分、そして見捨てられて当然の自分、いや自分はすでに見捨てられている、それがエリヤの絶望感の根本にあったと思われます。エリヤは担わされた課題の重さだけでなく、それに耐える確かな神への信頼に動揺を来たし、疲労困憊に押しつぶされ、死を願ったのです。

聖書はこういう信仰者の絶望状態をよく知っています。仕事の挫折、使命を果たすうえでの不成功、そして疲労困憊、もう終わりにしたいという思い、その根本には神の期待に応えられない自分、神に対する気まずさのある自分がいます。神がいてくださることが生きる力や喜びになっていないのです。

エリヤはえにしだの木の下で横になり、眠ってしまったとあります。「えにしだ」は、マメ科の丈の低い落葉樹だそうです。「えにしだの木」が一本だけ立っていたというのは、挫折の中のエリヤの孤独感を表現する心象風景でもあるでしょう。しかしその木は、夏の日照りの中で疲労困憊した人を強い日射しから守る木でもありました。そしてその木の下の眠りの中で、エリヤは主の御使いの声を聞きました。御使いの声は、直接、神との出会いではありません。しかし、神に代わって神の御言葉を伝えてくれます。それは「起きて食べよ」という言葉でした。それが二度、繰り返して語られます。「起きて食べよ。この旅は長く、あなたには耐え難いからだ」(7節)。

ベエル・シェバの荒れ野で、絶望の中にいたエリヤに向けられた主の御言葉は、「起きて食べよ」です。そしてこれが今朝、私たちが聞くべき主の言葉でもあります。「ベエル・シェバの荒れ野」は現代の世界を意味すると言ったら、あまりにも勝手な聖書の読み方になるでしょうか。しかし、「ベエル・シェバの荒れ野」が現代世界のいろいろな場面に見られることは明らかと思われます。それは仕事に挫折し、人生に疲労困憊した人が身を置いている場所です。もう人生を終わりにしたいと思っている人も、現代に決して少なくありません。暗黒の力と結びついた者に圧迫されて、社会の庇護の外に置かれた者、そして逃亡生活の中に生きて、力を失った者、その者が孤独に死を求めています。それが「ベエル・シェバの荒れ野」です。

しかし、そこでこそ聞くことのできる神の言葉があって、その声は「起きて食べよ」と言ってくださると聖書は伝えます。私たちがもう終わりにしたいと思っているそのときに、神は終わらせようとはなさらないのです。神は私たちがなお生きることを欲しておられます。神は私たちになお熱心な関心を向け、あなたは生きるに値すると言っておられます。エリヤは「わたしは父祖たちより強くない」「あなたをがっかりさせた」と思ったでしょう。しかし神はエリヤに、「起きて食べよ」と言われるのです。それは、私はあなたに少しもがっかりしていないということでしょう。あなたに希望をかけているということです。そして神はエリヤを神の山ホレブに向かうように指示し、その指示に従うことができるように、支え、導きました。エリヤの命とその使命に熱い関心を注ぎ続けた神は、私たちの命と私たちに与えられた使命にも熱い関心を寄せておられます。

かつてアブラハムの女奴隷ハガルがその子イシュマエルと共に逃亡したのも、ベエル・シェバの荒れ野でした。創世記二一章がその場面を描いています。こう記されています。「アブラハムは、次の朝早く起き、パンと水の革袋を取ってハガルに与え、背中に負わせて子供を連れ去らせた。ハガルは……ベエル・シェバの荒れ野をさまよった。革袋の水が無くなると、彼女は子供を一本の灌木の下に寝かせ、『わたしは子供が死ぬのを見るのは忍びない』と言って、矢の届くほど離れ、子供の方を向いて座ると、声をあげて泣いた」（創二一14－16）。これがハガルにとってのベエル・シェバの荒れ野の経験です。現代世界にもこういう母と子供の場面があるのではないでしょうか。数多くあると思います。暗黒の力と結びついた者たちは、この母と子供たちを今も救おうとしません。救うことができていません。灌木の下に寝かせたというのは、一本のえにしだの木の下であったでしょう。そこに横たえられたのは幼児です。その子供から離れ、しかし子供の方を向いて声をあげて泣く母親、そのとき創世記二一章17節は記します。「神は子供の泣き声を聞かれ、天から神の御使いがハガルに呼びかけて言った」。エリヤの嘆きを聞かれた神は、子供の泣き声も聞かれました。子供の泣き声を聞かれた神は、私たちの子供の泣き声も、そして私たちの祈りも聞いてくださいます。神はこう呼びかけられました。「ハガルよ、どうしたのか。恐れることはない。神はあそこにいる子供の泣き声を聞かれた。立って行って、あの子を抱き上げ、お前の腕でしっかりと抱き締めてやりなさい。わたしは、必ずあの子を大きな国民とする」（創二一17以下）。

エリヤに対して「起きて食べよ」と言われた神は、ハガルに対しては「立って行って、あの子を抱き上げ、お前の腕でしっかりと抱き締めてやりなさい」と言われました。神は命を終わらせません。諦めていないのです。神の召しに生きる者に新しい力を与え、将来を切り開く道を示します。エリヤに対しては、神の山ホレブに行くように、そして四十日四十夜、力づけてホレブへと歩ませます。

ベエル・シェバの荒れ野は、孤独な逃亡の場所ですが、神の慰めと導きを受ける場所に変えられました。神に命を養われる場所に変えられました。生きる力を失った者に神が臨在してくださったからです。

なぜそうなのか、その理由は新約聖書からならよく分かるのではないでしょうか。一本のえにしだの木に代えて、主イエスの十字架の下に身を横たえれば、神がなぜ幼子の泣き声を聞くのか、疲労困憊した預言者になぜ「生きよ」と言われるのか、私たちに「起きて食べよ」と言われるのか、よく分かるでしょう。神は命の主であり、召した者を生かし、その者を用いて、御計画を遂行なさる神です。それぞれに召しを与え、明日へと向かわせ、神の山ホレブに旅立たせようとされます。神は私たちの弱さにがっかりしてはおられません。イエス・キリストの贖いによって、私たちを新しく創造し、御栄えの御計画のために前進する力を与えてくださいます。「起きて食べよ」。命を肯定し、支える神によって、この週も新しい思いで信仰の歩みに踏み出したいと思います。

列王記上一九章8―18節

恵みによって残された者がいる

エリヤは起きて食べ、飲んだ。その食べ物に力づけられた彼は、四十日四十夜歩き続け、ついに神の山ホレブに着いた。エリヤはそこにあった洞穴に入り、夜を過ごした。見よ、そのとき、主の言葉があった。「エリヤよ、ここで何をしているのか」。エリヤは答えた。「わたしは万軍の神、主に情熱を傾けて仕えてきました。ところが、イスラエルの人々はあなたとの契約を捨て、祭壇を破壊し、預言者たちを剣にかけて殺したのです。わたし一人だけが残り、彼らはこのわたしの命をも奪おうとねらっています」。主は、「そこを出て、山の中で主の前に立ちなさい」と言われた。見よ、そのとき主が通り過ぎて行かれた。主の御前には非常に激しい風が起こり、山を裂き、岩を砕いた。しかし、風の中に主はおられなかった。風の後に地震が起こった。しかし、地震の中にも主はおられなかった。地震の後に火が起こった。しかし、火の中にも主はおられなかった。火の後に、静かにささやく声が聞こえた。それを聞くと、エリヤは外套で顔を覆い、出て来て、洞穴の入り口に立った。そのとき、声はエリヤにこう告げた。「エリヤよ、ここで何をしているのか」。エリヤは答えた。「わたしは万軍の神、主に情熱を傾けて仕えてきました。ところが、イスラエルの人々はあなたとの契約を捨て、祭壇を破壊し、預言者たちを剣にかけて殺したのです。わたし一人だけが残り、彼らはこのわたしの命をも奪おうとねらっています」。主はエリヤに言われた。「行け、あなたの来た道を引き返し、ダマスコの荒れ野に向かえ。そこに着いたなら、ハザエルに油を注いで彼をアラムの王とせよ。ニムシの子イエフにも油を注いでイスラエルの王とせよ。またアベル・メホラのシャファトの子エリシャにも油を注ぎ、あなたに代わる預言者とせよ。ハザエルの剣を逃れた者をイエフが殺し、イエフの剣を逃れた者をエリシャが殺すであろう。しかし、わたしはイスラエルに七千人を残す。これは皆、バアルにひざまずかず、これに口づけしなかった者である」。

人間は他の人々と共に生きる存在です。家族や友人と共にだけでなく、見知らぬ遠くの人ともつながり、共に生きている存在とも言うべきでしょう。しかし、他者とのつながりがまったく失われ、自分一人残されたと感じる場合も人間にはあるのではないでしょうか。それは、その人にとって大きな試練の時になります。預言者エリヤは今朝の聖書の箇所でその試練の中にいました。エリヤは神の民イスラエルのために召され、預言者の使命を与えられ、熱心に使命に従事してきました。自分の利益のためではありません。神とその民のために、他者のために戦ってきたと言ってよいでしょう。しかし、その戦いの果てに疲労困憊し、挫折の中におりました。自分一人だけが残された、そう実感するほかありませんでした。一人残されたこの預言者を神がどう扱われたか、それが今朝の聖書に描かれています。私たちも挫折感に襲われ、一人残された人生をどう過ごしたらよいかと悩むことがあるかもしれません。神がエリヤをどう扱われたかということは、私たちを神がどうお扱いになるかということでもあります。

エリヤは神の山ホレブに到着し、そこにあった洞穴に入り、夜を過ごしました。「見よ、そのとき、主の言葉があった」と聖書は伝えます。「エリヤよ、ここで何をしているのか」。エリヤは答えます。自分は神から与えられた使命に情熱を傾けて仕えてきました。しかし、イスラエルの民は神との契約を捨て、祭壇を破壊し、預言者たちを殺し、自分一人が残りました。そして自分の命も狙われています。エリヤの気持ちを推し量れば、それなのに神はいったい何をしているのかという気持ちではなかったかと思います。神に対する非難の言葉がここにはっきり記されているわけではありません。しかしエリヤの言葉には、神に情熱をかけて仕えた自分が一人残され、神との契約を破り、祭壇を破壊した者たち、つまり神への奉仕も神との交わりも破壊し拒絶した者たちが勝利しているという嘆きがあります。この嘆きの言葉には、神はいったい何をしているのかという思いが込められているように受け取れます。どうして助けてくださらないのか、という神に対する非難めいた響きも感じられます。「洞穴」に籠っているのは、自分の心の中に立てこもって、自己閉鎖の状態にいることを表しているでしょう。そのとき神の方から問いかけがあったと聖書は記します。「エリヤよ、ここで何をしているのか」。私たちが神から離れ心を閉ざしているとき、イスラエルの民は祭壇を壊し神との関係を破壊したと非難しながら、自分自身も神との交わりから背いて心を閉ざしているとき、神の方から問いかけてきます。「ここで何をしているのか」。神はいったい何をしているのかと私たちが心中ひそかにつぶやいているときに、「ここで何をしているのか」と、むしろ私たちの方が問われます。「そこを出て、……主の前に立ちなさい」、そう促す神がおられると聖書は伝えます。失われた羊をどこまでも捜し求めるように、神は人間を捜し求めてくださいます。それが聖書の証言する神です。

こうして主なる神の方から出会ってくださると聖書は伝えます。激しい風があり、山を裂き、岩を砕いた。しかし、風の中に主はおられませんでした。風の後に地震が起こった。しかし、地震の中にも主はおられませんでした。激しい風も、地震も、そして火も、神の臨在を示すしるしです。神の啓示の随伴現象としてそれらは聖書にたびたび登場します。しかし、自然現象は神御自身ではありません。火の中にも主はおられませんでした。「火の後に、静かにささやく声が聞こえた」と記されます。エリヤは洞穴を出て、聖なる神の御顔をじかに見ないように外套で顔を覆いながら、洞穴の入り口に立ちました。「エリヤよ、ここで何をしているのか」。神の問いかけが繰り返され、エリヤの嘆きが繰り返されます。

イスラエルの民の不信仰のせいで自分は使命に挫折したという嘆きです。イスラエルの民の不信仰や神に対する裏切りのことが言われますが、要するに彼自身が神から与えられた使命を放棄して逃亡してきたのです。「情熱を傾けて仕えてきた」という言葉は嘘ではないでしょう。しかし結局、自分の信仰生活に破綻した現実があります。要するに、神に熱心に仕えてきたが無駄だった、あなたが私を遣わしたこの民は駄目です、望みはありません、ということでしょう。それは結局、自分はこの任に耐えられないということでもあります。

同じ嘆きが私たちの口から出るときがあるのではないでしょうか。日本での伝道はなかなか伸展しません。日本人は福音を容易に受け入れる民ではない。日本の教会の中にも似た嘆きがつぶやかれることがあります。「わたし一人だけが残り、彼らはこのわたしの命をも奪おうとしています」。そのとき、神の回答が与えられます。神に対する非難がましい嘆きを繰り返すエリヤに対し、神は「再度の召命」「再度の派遣」をもってお答えになりました。「行け、あなたの来た道を引き返し、ダマスコの荒れ野に向かえ」。神は私たちに与えた召命を撤回なさいません。お与えくださった使命を取り消すこともありません。しかし、神はエリヤの苦衷を理解しなかったでしょうか。エリヤの嘆きを受け止めなかったでしょうか。そうでなく、エリヤを赦し、その苦しみを受け止め、そして再度恵みの中に召し、恵みの約束の中で派遣する。それが「静かにささやく声」の中に示されているでしょう。

新約聖書の信仰の観点からこれは明らかです。神はキリストにあって召してくださった召しを撤回することはありません。洗礼は金輪際「消されることのない性格」を帯びていると言われます。洗礼の中で私たちは主にあって神の子とされ、神の子とされた者だからこそ恵みの中で負うべき使命を与えられています。神は私たちをキリストの御許に召し、それに基づいて世に派遣しておられます。神の子の自由に生きてキリストを証しし、信仰による愛に生きて福音を伝えるためです。私たちの使命は、神の国と神の義を求め、伝える使命です。この使命はどんなときにも撤回され、消されることはありません。失敗や挫折は私たちの側にあります。けれども洗礼の恵みは私たちの側でなく、向こう側、神の側から私たちを捕らえます。そして消されることのない洗礼の恵みと共に、私たちはキリストのものとされ、それと共にキリスト者として生きる使命を与えられています。挫折の中で聞く言葉は、神が変わらぬ恵みのうちに同一の召しに再度召し、同一の派遣を再度与える言葉です。神はエリヤに言われます。「行け、あなたの来た道を引き返し、ダマスコの荒れ野に向かえ」。その派遣の内容は三人の人物に油を注ぎ、使命を継承させよ、というのです。そしてその使命には、神の約束が伴っていました。バアルに膝まずかない七千人を残すと。神は空っぽの中に遣わすことはありません。約束の中に派遣するのです。

この箇所についてパウロが語っています。「エリヤについて聖書に何と書いてあるか、あなたがたは知らないのですか」(ロマ一一2)。パウロは言います。「彼は、イスラエルを神にこう訴えています。『主よ、彼らはあなたの預言者たちを殺し、あなたの祭壇を壊しました。そしてわたしだけが残りましたが、彼らはわたしの命を狙っています』。しかし、神は彼に何と告げているか。『バアルにひざまずかなかった七千人を自分のために残しておいた』」。パウロもしばしば「自分一人が残りました」というぎりぎりの心境に立たされたのではないでしょうか。何度もの伝道旅行の中で種々の迫害を受け、しばしば命を狙われました。彼もまたエリヤと同様です。しかしパウロは言います。「同じように、現に今も、恵みによって選ばれた者が残っています」。そうパウロは今朝の聖書箇所について語りました。七千人が多人数か、少人数か、解釈は分かれるでしょう。ただの七千人なら、決して多人数ではないと言えるでしょう。その人数で人類や世界の運命に何ほどのことができるかと問われるかもしれません。しかし、七はそれ以外の数字で割れない完全数として使われ、千は神にあって千年は一日のごとく、一日は千年のごとしのように用いられる特別な数、永遠を意味する数です。聖書の中で七千人は実は何億、何万とも知れない神の民の象徴的な人数を意味しているに違いありません。

「わたし一人だけが残った」と預言者は言えないし、キリスト者は言ってはなりません。なぜなら、苦難の中で「ただ自分一人が」と本当に言い得るのは、すべての人の神からの離反を負って、十字架にかかられた主イエス・キリストのみだからです。あの十字架で主イエス・キリストはまさしく本当に一人残されました。そしてその主お一人の苦難と死があるゆえに、恵みによって残された七千人がいます。私たちもまた主の恵みによって残された一人ではないでしょうか。エリヤもまた恵みによって残された者の一人です。信仰の召命を受け、派遣されて戦っているのは私一人ではありません。本当に戦っているのは、実は私自身ではないでしょう。私たちは皆、主イエスの戦いとその恵みの勝利を伝えるだけです。「現に今も、恵みによって選ばれた者が残っています」。バアルに膝まずかない者が残されています。七千人が恵みによって残され、神の民の使命を果たします。その約束の中で、「行け、あなたの来た道を引き返し、ダマスコの荒れ野に向かえ」という再度の派遣の言葉も聞くことができるでしょう。そこに着いたなら油を注げ、後継者を立てよ、と言うのです。それが神の恵みによる派遣です。「現に今も、恵みによって選ばれた者が残っています」。その人々が神の恵みの信仰を生きるでしょう。信仰の喜びをもって、使命を引き継ぐでしょう。恵みの信仰とその使命は、継承されるに違いありません。「現に今も、恵みによって選ばれた者が残っています」。私たちに与えられた神の召しと派遣は、継続します。世の終わりまで継続されるに違いありません。キリスト教会の信仰と使命、礼拝と伝道は、世の終わりまで継続されます。神の恵みの力は絶えることがないからです。

列王記上二一章1－10、17－19節

暴君の正体

これらの出来事の後のことである。イズレエルの人ナボトは、イズレエルにぶどう畑を持っていた。畑はサマリアの王アハブの宮殿のそばにあった。アハブはナボトに話を持ちかけた。「お前のぶどう畑を譲ってくれ。わたしの宮殿のすぐ隣にあるので、それをわたしの菜園にしたい。その代わり、お前にはもっと良いぶどう畑を与えよう。もし望むなら、それに相当する代金を銀で支払ってもよい」。ナボトはアハブに、「先祖から伝わる嗣業の土地を譲ることなど、主にかけてわたしにはできません」と言った。アハブは、イズレエルの人ナボトが、「先祖から伝わる嗣業の土地を譲ることはできない」と言ったその言葉に機嫌を損ね、腹を立てて宮殿に帰って行った。寝台に横たわった彼は顔を背け、食事も取らなかった。妻のイゼベルが来て、「どうしてそんなに御機嫌が悪く、食事もなさらないのですか」と尋ねると、彼は妻に語った。「イズレエルの人ナボトに、彼のぶどう畑をわたしに銀で買い取らせるか、あるいは望むなら代わりの畑と取り替えさせるか、いずれにしても譲ってくれと申し入れたが、畑は譲れないと言うのだ」。妻のイゼベルは王に言った。「今イスラエルを支配しているのはあなたです。起きて食事をし、元気を出してください。わたしがイズレエルの人ナボトのぶどう畑を手に入れてあげましょう」。

イゼベルはアハブの名で手紙を書き、アハブの印を押して封をし、その手紙をナボトのいる町に住む長老と貴族に送った。その手紙にはこう書かれていた。「断食を布告し、ナボトを民の最前列に座らせよ。ならず者を二人彼に向かって座らせ、ナボトが神と王とを呪った、と証言させよ。こうしてナボトを引き出し、石で打ち殺せ」。……

そのとき、主の言葉がティシュベ人エリヤに臨んだ。「直ちに下って行き、サマリアに住むイスラエルの王アハブに会え。彼はナボトのぶどう畑を自分のものにしようと下って来て、そこにいる。彼に告げよ。『主はこう言われる。あなたは人を殺したうえに、その人の所有物を自分のものにしようとするのか』。また彼に告げよ。『主はこう言われる。犬の群れがナボトの血をなめたその場所で、あなたの血を犬の群れがなめることになる』」。


待降節第一主日を迎えました。お読みいただいた聖書箇所は、預言者エリヤの伝承の最後に近い箇所です。特に待降節に読む箇所として指定されてきた箇所ではありません。ここにはアハブ王のケースに即して「暴君の支配」の問題が記されています。主イエスの誕生とその到来は、真実の王が私たちのところに来られ、私たちと共におられて、暴君の正体を暴き、その支配を終わらせていることでもあります。今朝はアハブ王のケースによって暴君の正体とは何か、聖書はどう語っているのかに耳を傾けたいと思います。

暴君の問題は民主主義の時代にはないかと言えば、決してそうではありません。人間が統治し、支配する以上、いつの時代にも暴君の問題はあります。また暴君に悩まされるのは政治の世界だけではないでしょう。職場や周囲の人間関係、あるいは家族の中に暴君がいる場合もあるでしょう。「いじめ」は子供から大人まで、どこにもあって、人生最大の問題にさえなっている場合があります。また、自分自身が周囲の人や自分の人生の中で暴君になっている場合もあるのではないでしょうか。さらには人間を支配するということから言いますと、人間以外のものが支配することもないとは言えません。社会のシステムや経済の仕組み、あるいは突然の病や事故や災害によって運命に翻弄され、支配される場合もあるのではないでしょうか。人であれ、ものであれ、暴君の抑圧下に置かれたら、誰だって絶望にさらされるでしょう。それに抗して希望を持って生きるには、どうしたらよいのでしょうか。

聖書はイズレエルの人ナボトという人物の話を描きます。イズレエルにはイスラエルの王アハブとその妃イゼベルの冬の宮殿がありました。エリヤの時代、紀元前九世紀、イスラエルは北のイスラエルと南のユダに分裂し、北イスラエルの都はサマリアでした。そのときの王アハブはイスラエル北方のイズレエルに宮殿を建て、その庭を拡張するため、隣接のナボトのぶどう畑を欲しがりました。ナボトは土地を譲るようにとの王の申し出に対して、イスラエルの土地所有の伝統に従ってそれを拒否しました。土地は主なる神のものであり、イスラエル市民には主から託された土地を保持する責任がありました。「先祖から伝わる嗣業の土地を譲ることなど、主にかけてわたしにはできません」（3節）と答えています。ナボトの対応にアハブは機嫌を損ね、腹を立て、寝台に横たわって顔を背け、食事も取らなかったと言います。暴君の正体が「隣人のものをむさぼる」「わがままな自己中心」として描かれています。妻のイゼベルがその話を聞き、「今イスラエルを支配しているのはあなたです。……わたしがイズレエルの人ナボトのぶどう畑を手に入れてあげましょう」と言います。そして王の名と王の印を用いてイズレエルの地域に断食を布告したというのです。断食は悲嘆と回心を示して神の憐れみを乞う行為です。その集会の最前列にナボトを座らせ、それは民の代表の位置に置く扱いですが、彼に向かってならず者二人を座らせるように、そして「ナボトが神と王とを呪った、と証言させよ。こうしてナボトを引き出し、石で打ち殺せ」と命じました。神の憐れみを乞う場を殺人の場にします。二人の証言による判決という正義を求めるイスラエルの裁判が、形だけの踏襲で、偽証により、司法を用いた殺人に変えられました。

町の長老と貴族たちはイゼベルが命じたとおりに実行し、ならず者二人の偽証も功を奏し、「神と王とを呪った」という咎で、「石打ちの刑」という極刑の判決が下されました。「人々は彼を町の外に引き出し、石で打ち殺した」（13節）。そしてその結果がイゼベルに報告され、イゼベルはアハブに、「あのぶどう畑を直ちに自分のものにしてください。ナボトはもう生きていません。死んだのです」と言ったというのです。

全体の話は滑らかに進み、歴史的な実話というより、むしろ全体四幕の劇（王とナボト、王と妃のイゼベル、町の長老たちによる偽証の裁判とナボトの処刑、そして王とイゼベルの会話）の構成で、ナボトは実在の人物ではなく、歴史的実在の人物アハブとイゼベルを登場させた政治劇ではないかという解釈もあります。そうかもしれません。しかしその場合にも、歴史的な事実が背景にあることは否定できないでしょう。一つはイスラエルの伝統的な王の理解に対し、異質な王、古代オリエントの専制君主の理解が混入してきたという事実、そして司法の秩序、共同体の根本秩序が壊されていった事実が示されています。元来、イスラエルの伝統では、一人の市民の所有物に対し、それを私《わたくし》することは王といえども許されることではありませんでした。しかしイゼベルが示した王の理解は、イスラエル的でなく、古代オリエントの専制君主そのものでした。二つの王の理解が混入し合い、司法秩序の破壊が起きています。この背景には、アハブ王がカナンの都市国家と連合しようとしたことがありました。それによって王は暴君と化し、宗教的祭儀は政治的に悪用され、司法制度も危機に瀕しました。そうしてでも当時の大国アッシリアに対抗したのです。そのためにカナンの小国家連合を行ったわけです。アハブがイゼベルというシドンの王の娘と結婚したのもその小国家連合のためでした。その連合は宗教さえ利用して、イスラエルの王の理解を変え、司法の秩序も破壊していったわけです。

そこに預言者エリヤが登場したと記されます。17節以下です。「そのとき、主の言葉がティシュベ人エリヤに臨んだ。『ただちに下って行き、サマリアに住むイスラエルの王アハブに会え。彼はナボトのぶどう畑を自分のものにしようと下って来て、そこにいる』」。イスラエルの伝統では土地の所有者が死んだら、その子が継ぎます。子がいなければ、その兄弟、兄弟がいなければ妻の一番近い親戚がその土地を継承しました。しかし、犯罪人として処刑された人の場合はそうでなかった可能性があります。アハブはそれで自ら最初にその土地に足を踏み入れ、所有を主張しようとしたとも考えられます。アハブに対してエリヤは神の言葉を伝えます。「主はこう言われる。あなたは人を殺したうえに、その人の所有物を自分のものにしようとするのか」。ここには「殺してはならない」という十戒の第六の戒めが語られます。そして「盗んではならない」「隣人のものを欲してはならない」という第八、第十の戒めが響いています。第九の戒めには「偽証を立ててはならない」がありますが、暴君は町の長老たちに偽証による裁判をさせることで司法の秩序を破壊しました。「暴君の正体」は主の律法を破り、法の秩序を破壊するもの、さらに言いますと、聖書が描く暴君の正体はわがままで、強いのでなく、はなはだしい弱さを隠し、その妻イゼベルに唆《そそのか》されたというものです。彼はイスラエルの人々に罪を犯させました。聖書は厳しく指摘します。「アハブのように、主の目に悪とされることに身をゆだねた者はいなかった。彼は、その妻イゼベルに唆されたのである」「偶像に仕え、甚だしく忌まわしいことを行った」（25節以下）。

エリヤがアハブに告げた言葉は、「暴君の正体」を明らかにすると共に、「暴君の終わり」を告げました。「彼に告げよ」と言われた主の言葉をエリヤは告げなければなりませんでした。「主はこう言われる。犬の群れがナボトの血をなめたその場所で、あなたの血を犬の群れが舐めることになる」。暴君の支配は結局、終焉を迎えます。聖書は暴君の正体を明らかにしただけでなく、同時に暴君に終わりが来ることを明らかに告げています。それが、神がおられるということです。そしてそのために預言者は遣わされました。暴君の正体を暴露するだけでなく、その終わりを告げるために預言者は遣わされています。

教会が聖書を説き明かし、聖書の証言する神を宣べ伝えるとき、さまざまな時代の暴君の正体を明らかにし、その支配の終わりを告げるでしょう。神以外のものの支配の正体とその終わりを告げて、絶望を終わらせ、希望に生かすことが教会の使命ではないでしょうか。

この数日、ある神学者の書物を読んでいます。八十年ほど前にヨーロッパで書かれた「神の本質」について記した書物です。神の本質というのは神の愛と自由、そして神の全能や遍在や永遠といった神の性質のことです。その人の文章にこう書かれていました。「神はただひとりであり、神のほかにそれと等しいものはない」。神の単一性、神の唯一性について記しているわけです。そしてその人は言うのです。「この命題よりももっと危険な、革命的な命題はほかにない」。神はただひとりだということ、そして神と等しいものはほかにないということ、それは革命的なことだと言います。そして「神はただひとりであるという命題の真理とぶつかって、アドルフ・ヒトラーの第三帝国は滅びてしまうであろう」と記してありました。その文章が書かれたのは、一九四〇年でした。ナチス・ドイツがポーランドに侵攻したのが一九三九年ですから、その翌年のことです。多くの人がナチスの隆盛に恐怖し、あるいは歓喜していました。そのさなかに、一人の神学者はヒトラーの終わりを見ていたのです。その根拠は「神はただひとりであり、神のほかにそれと等しいものはない」という真理にあるというのです。それから五年後、その通りになりました。ヒトラー政権は滅びました。「神はただひとりである」ということは、他のものは神でないということです。真の神はただおひとりです。その神を私たちは信じ、その御言葉を聞き、その神に信頼し、希望を置いています。

待降節は「その神の独り子の誕生」を迎え喜ぶ時です。「父のふところにいる独り子である神、この方が神を示された」（ヨハ一18）と言われます。神はただひとりで、他の一切は神ではありません。他の一切は神でないという真理によって、すべての暴君は砕かれています。すべてのいじめ、抑圧は終わらせられています。「父のふところにいる独り子である神」が真の王として私たちと共にいてくださいます。待降節は、「支配の転換」が起きるときです。私たちの周囲の暴君も、また暴君としてのわがまま勝手な私たち自身も、真の神の御前で砕かれ、真の王、憐れみの王である御子の力の圏内に置かれ、御子との親密な関係の中に置かれます。私たち自身を今抑圧している小さな暴君も、その支配力は砕かれ、終わらせられています。ただひとりの真の神がおられ、真の王として来られたからです。真実の神がおられることは、偽りの神の終焉であり、あらゆる抑圧の終わりと言ってよいでしょう。あらゆる悩みの終わりでもあります。神がまことにおられ、神が共にいてくださることは、どんなことにも絶望しなくてよいということです。待降節は、神がただひとりであり、我らと共にいますという真理によって、真の解放の訪れがあり、救いによる自由があり、そして希望が開始している時です。またそのことを告げる時でもあります。

列王記上一九章19－21節、列王記下二章8－15節

貫く棒の如きもの

　エリヤはそこをたち、十二軛の牛を前に行かせて畑を耕しているシャファトの子エリシャに出会った。エリシャは、その十二番目の牛と共にいた。エリヤはそのそばを通り過ぎるとき、自分の外套を彼に投げかけた。エリシャは牛を捨てて、エリヤの後を追い、「わたしの父、わたしの母に別れの接吻をさせてください。それからあなたに従います」と言った。エリヤは答えた。「行って来なさい。わたしがあなたに何をしたというのか」と。
　エリシャはエリヤを残して帰ると、一軛の牛を取って屠り、牛の装具を燃やしてその肉を煮、人々に振る舞って食べさせた。それから彼は立ってエリヤに従い、彼に仕えた。

エリヤが外套を脱いで丸め、それで水を打つと、水が左右に分かれたので、彼ら二人は乾いた土の上を渡って行った。渡り終わると、エリヤはエリシャに言った。「わたしがあなたのもとから取り去られる前に、あなたのために何をし

ようか。何なりと願いなさい」。エリシャは、「あなたの霊の二つの分をわたしに受け継がせてください」と言った。エリヤは言った。「あなたはむずかしい願いをする。わたしがあなたのもとから取り去られるのをあなたが見れば、願いはかなえられる。もし見なければ、願いはかなえられない」。彼らが話しながら歩き続けていると、見よ、火の戦車が火の馬に引かれて現れ、二人の間を分けた。エリヤは嵐の中を天に上って行った。エリシャはこれを見て、「わが父よ、わが父よ、イスラエルの戦車よ、その騎兵よ」と叫んだが、もうエリヤは見えなかった。エリシャは自分の衣をつかんで二つに引き裂いた。エリヤの着ていた外套が落ちて来たので、彼はそれを拾い、ヨルダンの岸辺に引き返して立ち、落ちて来たエリヤの外套を取って、それで水を打ち、「エリヤの神、主はどこにおられますか」と言った。エリシャが水を打つと、水は左右に分かれ、彼は渡ることができた。

エリコの預言者の仲間たちは目の前で彼を見て、「エリヤの霊がエリシャの上にとどまっている」と言い、彼を迎えに行って、その前で地にひれ伏した。

人生にも世界にもいろいろと変化が起こります。良い変化もあるでしょうが、悪い変化も生じます。去年から今年、イギリスのＥＵ離脱の決定やアメリカ新大統領の出現によって、今後の世界の行方に不安感が増していきます。世界が変化していくとき、私たちの人生は何に信頼を置いて生きていくことができるでしょうか。また何に信頼を置くべきでしょうか。古代ギリシアの哲学者の中には「パンタ・レイ」、すべては流動すると言った人もおりました。しかし聖書は、世界に起きる変化とその中で悩む人々の人生を知ると共に、より根本的に変わることのない生ける神の言葉を聞き、その働きを証言しています。私たちの信仰には変わることのないお方を信頼するという重大な面があることを、今朝の聖書を通して学びたいと思います。

お読みいただいた箇所は、預言者エリヤの生涯、その最終場面を記しています。エリヤは地上の生涯を終え、その使命を終えて、エリシャを後継者に立て、使命を託して、世を去りました。エリヤを失うことはイスラエルの民にとっては、モーセを失った時のような大きな変化であり、不安で危機的な瞬間でした。列王記下二章11節によりますと、エリヤとエリシャが話しながら歩いていたとき、突然、エリヤはいなくなったと伝えられています。「見よ、火の戦車が火の馬に引かれて現れ、二人の間を分けた。エリヤは嵐の中を天に上って行った」。「エリシャはこれを見て、『わが父よ、わが父よ、イスラエルの戦車よ、その騎兵よ』と叫んだが、もうエリヤは見えなかった」。これが預言者エリヤの最後でした。この箇所の直後に、五十人の人々が三日間エリヤを捜したがついに見つからなかったと記されています。「イスラエルの戦車よ、その騎兵よ」というエリシャの叫びは、エリヤが何をしてきたか、彼を失うことがイスラエルの人々にとって何を意味したかをよく示しています。預言者エリヤは、「イスラエルの戦車」でした。また「イスラエルの騎兵」でした。彼はイスラエルを守って戦い続けてきた預言者です。彼の戦いなしにイスラエルは守られませんでした。彼を失うことは、かつてモーセを失った時と同じでした。それ以上であったかもしれません。エリヤの死が「天に挙げられた」と描かれているのは聖書の中でも極めて稀なことです。主イエスの山上の変貌の記述にも、「モーセとエリヤが現れ、イエスと語り合っていた」（マタ一七3）と記されます。イスラエルの民にとってエリヤがどれほど重大な意味を持っていたかが示されているでしょう。そういう重大な人を失う似た経験が、私たちの人生の中にも起きるし、世界の中にも起きる時があるでしょう。

エリヤの姿が見えなくなって、エリシャは自分の衣をつかんで二つに引き裂いたと記されています。衣を引き裂くというのは、体そのものが引き裂かれるのと同様な痛烈な痛みを表現しています。エリヤを失うことは、個人的な痛みであるだけでなく、民全体の痛みでした。民を守る戦車と騎兵を失って、イスラエルは崩壊してしまうのではないでしょうか。聖書はそのときまことに奇抜な描き方で、すべてがあてどなく流れていくのではない、行くべき方向に向けて導くもの、持続するものがあると伝えます。エリヤが天に挙げられ、その姿が見えなくなったとき、彼の「外套」が天から落ちてきたというのです。エリシャはそれを拾い、ヨルダンの岸辺に引き返して、落ちてきたエリヤの外套を取って、ヨルダン川の水を打ちました。「エリヤの神、主はどこにおられますか」と言って、エリシャが水を打つと、「水は左右に分かれ、彼は渡ることができた」と記されています。エリコの預言者の仲間たちがそれを見ていて、証言したというのです。「エリヤの霊がエリシャの上にとどまっている」と。それによって民は危機を乗り越えることができたというのです。

エリヤの外套は、エリヤ自身を守ってきた衣服ですが、それは彼の預言者としての「使命」を表現するものでした。エリヤはエリシャを後継者に立てるよう神の命令を受けたとき、自分の外套をエリシャに投げかけています。外套を投げられたエリシャは神の召しを受け継ぎました。外套は「神からの召し」を意味しています。外套は同時にその召しを受け取る信仰を表し、その信仰のパワーを表現しています。「エリヤの霊がエリシャの上にとどまっている」と証言された通りです。その外套で、ヨルダンの岸辺で水を打つと、水は左右に分かれました。それはエリヤの業をエリシャが継いだこと、そして出エジプトの神の解放の御業が継続していることも示しています。川の流れをのぞいたら、すべては流動すると思われるかもしれません。しかしエリヤの外套は、その流動する水の流れを左右に両断する、そして神の救いの御業が継続することを示します。

エリヤの最後をこのように記した聖書の意味は何でしょうか。私たちはここから何を聞き取ったらよいのでしょうか。個人の人生にも、家族や共同体の歩みにも、変化が起き、危機に直面する時があります。世界も不安や恐怖の激動の時を経験します。しかし、その中に決して変わることなく貫いていくものがある、そしてそれに信頼して生きる道がある、と聖書は伝えているのではないでしょうか。それを説教の題にしなければならないと思いました。変化と不安の時代に確固として生きて持続するものを語るこの箇所の説教として、はじめ「エリヤの外套」という題にしようかと思いました。しかし、外套もまた結局は古びて擦り切れ、やがて失われるほかないものです。もしそれが失われなければ、「預言者の外套」は偶像化するでしょう。聖書が重大としているのは、その外套を持って水を打ったときエリシャが語った、むしろ言葉の内容です。「エリヤの神、主はどこにおられますか」。生ける主なる神が重大です。エリヤの外套はその生ける主の召しに従った信仰のしるしでした。説教題は「貫く棒の如きもの」としました。これも何のことか分からないかもしれませんが、高浜虚子の俳句の中の一部です。「去年《こぞ》今年、貫く棒の如きもの」。大晦日から新年の朝、年は改まり、さまざまなことが変化する。人々の気持ちも変わる。しかしそこに貫く棒の如きものがある、それがなければ人生は所詮、軽佻浮薄な流動の中に意味を失うことになる、そう解釈されます。この句が鎌倉の駅に掲載されていたので、それを読んで、川端康成が背筋に電流が走ったのを感じたと書いて、この句が人々の記憶に残ったと言われます。しかし問題は、「貫く棒の如きもの」とは何かです。人間の軽佻浮薄な変化を抑えて貫くものは、自分の自我だと解釈する人もおります。あるいは容易に変わろうとしない日本人の精神を見る人がいるかもしれません。しかしそんなものが貫いたとして、それで世界の不安に太刀打ちできるでしょうか。人生の変化、世界の変化に耐えることができるもの、そして変えるべきものは変えていく力になるものを聖書は伝えています。

私たちの自我も、日本精神も変えられて、神のうちに用意されている真実の自己が、変わることのないものとして神のうちに隠されてあり（コロ三3）、それが神の国に実現するでしょう。

エリヤの外套それ自体に力があるわけではありません。それは、エリヤを召し、エリヤを用いた神、主なる神とその御業が棒の如く貫いていることを示しています。ヨルダンの水を左右に分けたのは、出エジプト記一四章に記された壮大な出来事を継承しています。「杖を高く上げ、手を海に向かって差し伸べて、海を二つに分けなさい」（一四16）。「モーセが手を海に向かって差し伸べると、主は夜もすがら激しい東風をもって海を押し返されたので、海は乾いた地に変わり、水は分かれた」（一四21）。神のこの歴史支配が貫いています。聖書のテーマは、生ける神がおられ、その恵みの働きがあり、神の救済史が貫かれていることです。生ける神がおられ、その働きがあり、神の言葉はとこしえに残ります。神の歴史である救済史が棒のごとく貫き、その主とその働きを伝える聖書が持続し、それを信じる信仰、それを伝える教会が貫かれます。今朝の私たちの礼拝も、私たちの信仰生活も、貫く神の救済史の中に織り込まれています。

その貫く棒の如きものから、変えられるべきものを変えられた新しい人生が生まれるでしょう。エリシャはそれまで十二頭の牛をつなぐ軛で耕していた人でした。相当の資産家の息子だったのです。そのエリシャが、父母と分かれ、牛を屠り、牛の装具を燃やしてその肉を煮、人々に振る舞って食べさせました。神の召しに応えて、新しい人生に出発したのです。これと類似の記述は徴税人レビが主イエスの召しを受けた時にも記されています。彼は「盛大な宴会」（ルカ九29）を催して、主の弟子として出発しました。神の召しに応える人生は、世のあらゆる変化の中に棒の如く貫かれるのではないでしょうか。

聖書のテーマは資産家の生まれを継いで生きることにはありません。厳しい言い方をすれば、ただ豊かに生きることが重大ではないのです。そうでなく神の召しを受けて、その召しに応え、神の御業に用いられることこそ重大です。「エリヤの外套」は私たちにはありません。しかしみな洗礼を受けて、主イエスを着ています。主イエスを身にまとって、神の召しに応え、神の御業に用いられています。ただ生きることが重大ではありません。主の証人として召されて用いられることこそが重大です。新しい年も主の証人としての人生を、貫く棒の如く生きていきたいと思います。

第Ⅱ部

エレミヤ書から

エレミヤ書一章1－10節

召命を生きる

エレミヤの言葉。彼はベニヤミンの地のアナトトの祭司ヒルキヤの子であった。主の言葉が彼に臨んだのは、ユダの王、アモンの子ヨシヤの時代、その治世の第十三年のことであり、更にユダの王、ヨシヤの子ヨヤキムの時代にも臨み、ユダの王、ヨシヤの子ゼデキヤの治世の第十一年の終わり、すなわち、その年の五月に、エルサレムの住民が捕囚となるまで続いた。

主の言葉がわたしに臨んだ。

「わたしはあなたを母の胎内に造る前から
あなたを知っていた。
母の胎から生まれる前に
わたしはあなたを聖別し
諸国民の預言者として立てた」。

わたしは言った。

「ああ、わが主なる神よ

わたしは語る言葉を知りません。
わたしは若者にすぎませんから」。
しかし、主はわたしに言われた。
「若者にすぎないと言ってはならない。
わたしがあなたを、だれのところへ
遣わそうとも、行って
わたしが命じることをすべて語れ。
彼らを恐れるな。
わたしがあなたと共にいて
必ず救い出す」と主は言われた。

主は手を伸ばして、わたしの口に触れ
主はわたしに言われた。
「見よ、わたしはあなたの口に
わたしの言葉を授ける。
見よ、今日、あなたに
諸国民、諸王国に対する権威をゆだねる。
抜き、壊し、滅ぼし、破壊し

あるいは建て、植えるために」。

預言者エレミヤの「召命」の記事を読みました。「召命」は神から呼ばれることで、コーリングと言われます。キリスト者であれば皆、召命を受けて、キリスト者とされ、神の子とされています。召命はですから、キリストを信じる者へと召され、キリストを証しする者へと召されていることです。召命にはもう一つ、職業を「神の召し」として受け取る考え方もあります。それぞれの職業や仕事を神の召しとして受け取り、仕事を信仰の馳せ場にする考え方です。それでコーリングは「天職」と訳されたりもします。「キリスト者への召し」と「職業への召し」、どちらが本来の召しかと言えば、職業ではなく、キリストを信じる者、つまりキリスト者にされたことが本来的な召しと言わなければなりません。それがいつしか仕事に召されることが「召命」のように考えられてきました。しかし現代は、召命の本来の意味を再び回復すべき時代になっているのではないでしょうか。誰も皆、一生、仕事をするわけではありません。定年で仕事から離れ、その後二十年、三十年の人生を生きます。その間、召命なしに生きるのでしょうか。そうでなく本来の召命、キリスト者に召され、キリストを証しする使命に召された者として生きるのです。キリストを証言する使命に定年はありません。職業を超えて、全生涯を貫く信仰の人生を生きる使命があります。それは生きるに難しい召命でしょうか。生涯のすべてにわたって信仰生活を生きるとき、ときには困難もあります。しかし深い安らぎがあるでしょう。召命に生きる「恐れ」と「安らぎ」があると思われます。

エレミヤはアナトトの祭司の子に生まれました。召命を受けた時のエレミヤは、まだ祭司としても確立してはいなかったと思われます。しかし祭司の子ですから、自分の人生の方向は当然決まっていると受け取っていたでしょう。そのエレミヤに神の言葉が臨みました。「わたしはあなたを聖別し／諸国民の預言者として立てた」。召命はどこに生まれたかではなく、神の語りかけから来ます。

時代は紀元前七世紀、2節にはユダの王、アモンの子ヨシヤの時代、その治世の第十三年のことと言われています。紀元前六二七年に当たると言われます。それは、大国アッシリアの王が死に、翌年、新バビロニアが独立し、さらにその翌年にはメディアが独立するというオリエント世界の大変動期のさなかでした。3節にはこう記されています。「更にユダの王、ヨシヤの子ヨヤキムの時代にも臨み、ユダの王、ヨシヤの子ゼデキヤの治世の第十一年の終わり、すなわち、その年の五月に、エルサレムの住民が捕囚となるまで続いた」。イスラエルはこの大変動の中でついには国を失い、その民のおもだった人々がバビロンに捕囚となって身柄を移されました。この大きな変動時代にエレミヤは「諸国民の預言者」として召されたわけです。自分の同胞に対し神の言葉を語り、さらにそれを越えて、大変動に巻き込まれた諸国民のすべてに、神の言葉を告げました。「わたしが命じることをすべて語れ」と言われた通りです。

「ああ」とエレミヤは答えています。召命を受けたエレミヤの第一声は「ああ」です。「ああ、主、ヤハウェ」（アハー・アドナイ・イヤウィ）と言ったのです。それは呻きの叫びです。「ああ、主なるヤハウェよ」、この苦悶の表現は、旧約聖書に十回出てくると言われます。そのうち四回がエレミヤ書に見られると言われます。エレミヤは苦悶の中で狼狽し、危険と不安の中で呻いたのです。そして神の召しに対するエレミヤの回答は明らかです。共同訳聖書は「わたしは語る言葉をしりません」と訳していますが、「見てください。わたしは語ることができない」、それが召命を受けたエレミヤの最初の言葉でした。「ああ」「わたしにはできない」、そう言わざるを得なかったのがエレミヤの召命体験だったのです。

召命は一生を覆うと言いました。しかしその召命には「ああ、わたしにはできない」が含まれています。これが含まれていない召命は、真実の召命ではないと言ってもよいでしょう。「見てください。わたしにはできない」、そういうところが召命にはあります。職業と結び付いた召命もそうでしょうが、信仰生活そのものの姿である召命、主イエス・キリストのものとされ、そうされた者として主の証人として生きる、そういう本来の召命を生きるべき時代だと申しました。しかし、エレミヤがその召命を受けるに当たって挙げたこの呻き、狼狽、危機意識が、およそ神の召しに応えて生きるとはどういうことかを正確に表現しているのではないでしょうか。召しが生涯を覆うことは間違いないでしょう。しかし、そこには不可能なものがあります。危険も潜んでいます。「ああ、わが神、主よ、ご覧ください、私にはできない」。そう言わなければならない人間の現実があって、それをごまかせば、召命理解は浅薄なものになるほかないでしょう。

　もちろん「諸国民の預言者」にされたエレミヤの召しとキリスト者とされた私たちの召しとは、同一と言うことはできません。私たちは預言者に召されているわけではないからです。しかし主が言われた言葉、「わたしがあなたを、だれのところへ遣わそうとも、行って、わたしが命じることをすべて語れ」は、キリスト者の証言にも当てはまるのではないでしょうか。神の召しは派遣を伴います。神を証言すること、そして全生活をもって主なる神とその恵みを証しすることが含まれています。「ああ、わが神、主よ、御覧ください、私にはできない」。私たちが召命に生きる中にも、「ああ」の叫びと、「私にはできない」は含まれるでしょう。召された者として生きることは不可能なものを内に秘めています。

　エレミヤの召命はオリエント世界の大変動期に起きたと言いました。歴史の主である神は、一人の人を主の証人として立て、語らせます。それを通して、神は世界統治をなさるのです。神は今、現在、信仰者を起こしています。洗礼志願者を立てます。そして伝道献身者を起こします。すべての受洗者が主の証人として立てられています。私たちも今、歴史の大きな変動期にいると言えるでしょう。現代は、世界の混乱期のようにも思えます。世界の大変動期というものは、一個人としての人間が無力に思われる時代でもあります。しかし、世界の主である神は、一人の証人を立てることを通して働かれます。証言する一人が立てられることが、世界史的な意義を与えられるということでもあります。その一人の召しを神は永遠の時の中で意志決定されています。

エレミヤは「ああ」と叫び、「私にはできない」と答えました。その理由として挙げた言葉は、エレミヤの召命のよく知られた言葉になりました。「私は若者にすぎない」と言ったのです。召しに堪え得る経験も能力もない、何の資格も持っていないということでしょう。「私は青二才にすぎない」と言ったのです。私たちならどう言うでしょうか。私たちの中の青年たちも、同じように言うかもしれません。私自身であれば、「ああ、わが神、主よ、御覧ください。私にはできない。私は間もなく後期高齢者です」。そう言いそうです。エレミヤに対する神の言葉は、「若者にすぎないと言ってはならない」でした。エレミヤがこのとき若者であったことは明らかで、結婚もまだでした（一六1）。アナトトの祭司ヒルキヤの子として育ちましたが、まだ何の確かな働きもしていません。祭司として確立していませんでした。このとき神はエレミヤに対し、お前は若者ではないとは言いませんでした。神はエレミヤの状況をよく御存じです。しかしそれにもかかわらず召し、そして派遣なさったのです。私たちを召す神は、私たちの現実をよく知っておられます。その上で、にもかかわらず召しておられます。若者は若者として、高齢者は高齢者として召しに応える以外にありません。どちらにしても、「にもかかわらず召され」、それゆえ応じるほかありません。

「若者にすぎないと言ってはならない」。そう言われた神は、若者であるエレミヤを受け入れ、別のスケールの時間を語られました。「わたしはあなたを母の胎内に造る以前からあなたを知っていた。母の胎から生まれる前にわたしはあなたを聖別し、諸国民の預言者として立てた」。人間に与えられた時間が始まる以前に、神の永遠の時間があって、その中で神はエレミヤを選び、聖別しておられたと言うのです。人生の中で受ける召命は神の永遠の選びに基づき、それに時間の中で応えるものです。召命は人間の時間だけで成り立つものではありません。神の時間、つまり永遠の中に根拠を持っています。神の永遠の中にある根拠に基づいて、私たち自身の人生を受け取らなければなりません。それが、時間の中の人生を支えます。

「わたしがあなたを、だれのところへ遣わそうとも、行って／わたしが命じることをすべて語れ。彼らを恐れるな。わたしがあなたと共にいて必ず救い出す」と主は言われます。神の救いは、時間の中で起きます。しかしそれは、神の永遠の意志決定における選びに基づき、それを時間の中で実現するために「あなたと共にいて必ず救い出す」と言われます。召命を生きる人生が、神の永遠の決意に基づくならば、この時間の中の証しの人生に安らぎがないはずはありません。「恐れるな、必ず救い出す」。召しに応える人生には、「ああ、私にはできない」があるだけではありません。同時に神からの約束「わたしがあなたと共にいて／必ず救い出す」があります。これのない召命はありません。召命の根拠は神の選びにあるからです。信仰者は神の選びに根拠を持った召命を生きます。ですから、「恐れるな、必ず救い出す」。この神の約束に信頼し、神の御命令に安んじて従っていこうではありませんか。

エレミヤ書七章1－15節

危機の中の礼拝

主からエレミヤに臨んだ言葉。

主の神殿の門に立ち、この言葉をもって呼びかけよ。そして、言え。

「主を礼拝するために、神殿の門を入って行くユダの人々よ、皆、主の言葉を聞け。イスラエルの神、万軍の主はこう言われる。お前たちの道と行いを正せ。そうすれば、わたしはお前たちをこの所に住まわせる。主の神殿、主の神殿、主の神殿という、むなしい言葉に依り頼んではならない。この所で、お前たちの道と行いを正し、お互いの間に正義を行い、寄留の外国人、孤児、寡婦を虐げず、無実の人の血を流さず、異教の神々に従うことなく、自ら災いを招いてはならない。そうすれば、わたしはお前たちを先祖に与えたこの地、この所に、とこしえからとこしえまで住まわせる。しかし見よ、お前たちはこのむなしい言葉に依り頼んでいるが、それは救う力を持たない。盗み、殺し、姦淫し、偽って誓い、バアルに香をたき、知ることのなかった異教の神々に従いながら、わたしの名によって呼ばれるこの神殿に来てわたしの前に立ち、『救われた』と言うのか。お前たちはあらゆる忌むべきことをしているではないか。わたしの名によって呼ばれるこの神殿は、お前たちの目に強盗の巣窟と見えるのか。そのとおり。わたしにもそう見える、と主は言われる。

シロのわたしの聖所に行ってみよ。かつてわたしはそこにわたしの名を置いたが、わが民イスラエルの悪のゆえに、わたしがそれをどのようにしたかを見るがよい。今や、お前たちがこれらのことをしたから――と主は言われる――そしてわたしが先に繰り返し語ったのに、その言葉に従わず、呼びかけたのに答えなかったから、わたしの名によって呼ばれ、お前たちが依り頼んでいるこの神殿に、そしてお前たちと先祖に与えたこの所に対して、わたしはシロにしたようにする。わたしは、お前たちの兄弟である、エフライムの子孫をすべて投げ捨てたように、お前たちをわたしの前から投げ捨てる」。

その人がどういう信仰に生きているかは、その人の礼拝の中に現れるでしょう。力強い信仰に生きているかどうかは、どういう礼拝を生きているかで分かります。エレミヤはある日、神から「神殿の門に立って言いなさい」という御言葉を受けました。そして「むなしい言葉に依り頼んではならない。……お前たちの道と行いを正し……」と語らされました。むなしい言葉ではなく、真実の礼拝に生きることが、どのような危機に臨んでも、その人を生かす本当の力の源泉になるからです。

今朝の箇所と同じ光景が、エレミヤ書二六章にも伝えられています。二六章の方は「神殿の門」ではなく、「主の神殿の庭に立って語れ」となっています。似た出来事が二度あったのかもしれませんが、研究者の多くは、別々の出来事でなく、同一の出来事が二か所で伝えられていると見ています。それが起きた年代も二六章の方から分かります。「ユダの王、ヨシヤの子ヨヤキムの治世の初め」にエレミヤに臨んだ主の言葉であったとあります。「ヨシヤの子ヨヤキムの治世の初め」は、おそらく紀元前六〇八年のことで、エレミヤが召命を受けてからすでに二十年近く経っています。

聖書の御言葉はそれぞれ歴史の特別な状況の中で語られています。ですからその状況を知り、そこに身を置くことで、ある面より深く、またより具体的に聞き取ることができるでしょう。ヨヤキムが王になったのは、その父ヨシヤが突然、戦死したからでした。当時、中東地域は大変動期にありました。前回お話しした通りです。旧大国アッシリアが新バビロニア帝国によって取って代わられる直前でした。アッシリアの王は、エジプトと手を結んで新バビロニアやメディアなど新興勢力を抑えようとしました。それでエジプトの王ファラオが――ネコと言う名のファラオでしたが――、アッシリアを援助するために出陣して、地中海沿岸を北上してきました。ヨシヤ王は新興勢力の方に味方してエジプト軍を阻止しようと出陣し、パレスチナ北部のメギドでエジプト軍と戦い、その激戦の中で戦死してしまいます。南王国ユダは今やエジプト王ファラオ・ネコの支配下に立たなければならなくなりました。ヨシヤ王の跡を継いだヨアハズは三か月で王の位から降ろされ、エジプトに連行され、そこで死んでいます。代わってヨヤキムが王とされ、ファラオに金と銀を差し出すため、国民に税を課す状態になりました。これらのことは列王記下二三章に記されています。こうした諸国間の激しい争いの中で、イスラエルの民は生活基盤を激しく動揺させられ、信仰が問われることにもなったのです。私たちの場合にも生活基盤が危うくなる事態が起きる時があるかもしれません。そのときあなたの信仰はどうなるか、今の信仰で耐えていけるかと問われます。生活基盤そのものが動揺する、その中を耐え抜く信仰、これが今朝の聖書のテーマです。

当時のイスラエルの民がどういう信仰に生きようとしたか、今朝の箇所に出てくる言葉で分かります。4節に記されている「主の神殿、主の神殿、主の神殿」と三度繰り返されている言葉が、それを示しています。つまり、人々はエルサレム神殿にしがみついたのです。戦死した先の王ヨシヤは、エルサレム神殿に人々の心を集中させるため、他の地域の神殿を整理したと言われます。国家的危機に際して人々は「主の神殿」に心を寄せました。「主の神殿、主の神殿、主の神殿」と三度繰り返されているのは、一種、魔術的な言葉の使い方で、エルサレム神殿は難攻不落だから、それに頼っていれば生き延びられるという人々の気持ちを表しています。これには歴史的な背景もありました。預言者イザヤの時、エルサレムを包囲したアッシリアの軍勢十八万五千人が一晩にして撃たれて引き揚げたという事件がありました。その記憶が百年を経てなおエルサレムの人々の心に残り、神殿にしがみつく宗教になっていました。世の中が危険になればなるほど、人々は心の拠り所を求めて、「主の神殿、主の神殿、主の神殿」と叫んだのです。

しかし、それは正しい意味で生ける主なる神を信じ、その恵みに信頼する信仰ではありませんでした。エレミヤはそのまじないのような合言葉を「むなしい言葉」と呼びました。「むなしい言葉に依り頼んではならない」。4節にも、また8節にも繰り返されます。「むなしい言葉は救う力を持たない」。「むなしい言葉」にしがみつくことは、生ける神を誠実に、また厳粛に信頼するのとは全く別で、一見敬虔に見えるその宗教心の内側には、生ける神との信頼関係を捨てた自己中心があり、ただただ自分の安全と自分の利益を中心にした不信仰の姿がありました。それは神様を本当の意味では信じないで、救いだけをかすめ取ろうとするもので、エレミヤはそういう不信仰を「強盗」と呼んでいます。

エレミヤは言います。「道と行いを正し、正義を行い、寄留の外国人、孤児、寡婦を虐げず、無実の人の血を流さず、異教の神々に従わず」（5－6節）と。神との信頼関係にある信仰生活のありようを語ったわけです。「寄留の外国人、孤児、寡婦」は、当時のイスラエル社会で一番弱い人々を意味しました。神を信頼し、その憐れみに依り頼んで生きるならば、その弱い人々に対して憐れみをもって対するのが、神との信頼関係、神との契約に生きる信仰の姿です。イスラエルの民自身が、エジプトでの囚われや虐げの中から神の憐れみによって解放された民だったのです。神の憐れみによって救い出されて今日あるわけです。ですから、憐れみと公平な生活を営め、神の憐れみの出来事によって生かされた憐れみの民の生活を生きよ、と言うのです。

また、「盗み、殺し、姦淫し、偽って誓い、バアルに香をたき、……異教の神々に従いながら、……神殿に来て、……『救われた』と言うのか」ともあります。「盗むな、殺すな、姦淫するな、偽証を立てるな」は、十戒の言葉です。その一つ一つを生きることが、神の恵みの出来事に生かされるイスラエルの民の本来の姿でした。しかしそのすべてを捨てて、自分の安全と利益を求めて「主の神殿、主の神殿、主の神殿」と叫ぶ、それは外見上敬虔な姿に見えて、実は内心どれだけ不信仰かと指摘しているわけです。ある説教者はこの箇所について、「私たちは神をだますことはできない」と語っています。神への信頼を捨てて、自分の願望だけにしがみつく、その民に「神の家」が安全地帯を与えるはずはないと言うのです。神の恵みを自己中心の利益追求のための道具にするなら、それは神から恵みをかすめ取ろうとすることであり、神の家を強盗の巣窟にすることだと言います。私たちは生ける聖なる神をだますことはできません。

次にエレミヤはもう一つ別の歴史的出来事を引き合いに出しました。シロの聖所に行って、見よ、と言います。神は歴史の主であり、歴史を支配し、統治する方です。シロの神殿は、エレミヤからするとはるか以前のことでしたが、ペリシテ人によって破壊されました。サムエル記上四章が伝えているシロから神の箱が奪われたという事件がありました。エレミヤはそれと同じことがエルサレムに起きると語ったのです。

エレミヤは言います。主なる神は「かつてそこにその名を置いた」。そして「繰り返し語ったのに、（民は）その言葉に従わず、呼びかけたのに答えなかった」（13節）。そこに「名」を置くというのは、その名を呼んで祈り礼拝することができるようにすることです。つまり「名」は神がそこにおられるしるしであり、神の臨在を示すしるしです。そして神の名を誠実に呼ぶのが真の礼拝です。「主の名を呼び求める者はだれでも救われる」（ロマ一〇13、ヨエ三5）と聖書にあります。「主の神殿、主の神殿、主の神殿」という言葉は、主の名の置かれた神殿にしがみついていても、主の名を呼んでいません。自分の安全、自分の命、自分の財産が中心になっていて、それが神々になっていて、臨在する主なる神に中心の場が空けられていません。「むなしい言葉」の正体は自己中心であり、偶像礼拝です。そうでなく生きるのは、神の名を呼び、その臨在のもとに御言葉に聞き、御言葉に応え、神との生きた応答の生活を生きることでしょう。私たちの生活の中心を神に明け渡して、神の名を誠実に呼ぶことです。

激動の時代を「むなしい言葉」で生きることはできません。神をだまして、自分の利益を神からかすめ取ることはできません。神を相手に強盗を働くことはできないでしょう。そうでなくて、神の名を誠実に呼び、その御言葉に聞き、そして神の呼びかけに応えて、聞いた御言葉に従うことです。これは難しいことでしょうか。

エレミヤが語ったエルサレム神殿もシロの神殿と同じになるという預言は、その通りになりました。やがてエルサレム神殿は崩壊し、その後再建された第二神殿も紀元七〇年のユダヤ戦争でローマ軍によって「嘆きの壁」だけを残して破壊されました。主の名の置かれた神殿はもはやありません。しかし神の臨在を示す主の名は、イエス・キリストです。イエス・キリストに神の臨在があり、私たちは主の名を呼ぶことができます。主の名を呼んで、主の言葉を聞き、それに従うことができます。主イエスによって神に応答する礼拝生活を生きることができます。それはどんな大変動の時代にあっても私たちを支えるでしょう。主の名を呼んで、生ける神の言葉に聞き、それに従い、その呼びかけに応える礼拝が、世界と人生の危機の中を生きる私たちの根本です。それがイエス・キリストによって与えられていることを心から感謝したいと思います。同時にまた、虐げられた人々に対する憐れみの心を私たちも持ちたいと思います。私たち自身が神の憐れみを受けて、今日を生きることができているからです。

エレミヤ書八章4－9節

こうのとりもその季節を知っている

彼らに言いなさい。
主はこう言われる。
倒れて、起き上がらない者があろうか。
離れて、立ち帰らない者があろうか。
どうして、この民エルサレムは背く者となり
いつまでも背いているのか。
偽りに固執して
立ち帰ることを拒む。
耳を傾けて聞いてみたが
正直に語ろうとしない。
自分の悪を悔いる者もなく
わたしは何ということをしたのかと
　言う者もない。

馬が戦場に突進するように
それぞれ自分の道を去って行く。
空を飛ぶこうのとりもその季節を知っている。
山鳩もつばめも鶴も、渡るときを守る。
しかし、わが民は主の定めを知ろうとしない。

どうしてお前たちは言えようか。
「我々は賢者といわれる者で
主の律法を持っている」と。
まことに見よ、書記が偽る筆をもって書き
それを偽りとした。
賢者は恥を受け、打ちのめされ、捕らえられる。
見よ、主の言葉を侮っていながら
どんな知恵を持っているというのか。

一人の人の人生が正しく歩まれているかどうかという問題がありますが、同時に一つの国民全体が道を間違えていないか、誤った方向に向かっていないかという問題もあるものです。今日の日本国民についても言えるでしょう。預言者エレミヤは、誤った道を行くイスラエルの民とその指導者たちに対し、今朝の御言葉を語りました。民全体が誤りの道にあることは、預言者エレミヤにとって最大の嘆きでした。そこで預言者が語る言葉は、「嘆きの言葉」になり、またときには「威嚇の言葉」にもなりました。今朝の御言葉の前半4節から7節は、民全体に対するエレミヤの「嘆きの言葉」であり、8節以下は民の指導者たちに対する「威嚇の言葉」と言われます。

問題は「どうして、この民エルサレムは背く者となり／いつまでも背いているのか」（5節）ということです。「背く者」というのは、神から離れ、神に反逆する者のことです。神から離反することは扇の要を外すようなもので、それによって民の生活全体はばらばらになってしまいます。共同体はその中心を失い、目標を失い、土台も喪失します。ですから、神からの離反はそれ自体として重大な問題ですが、そこからもたらされる結果も深刻で、民の間の相互信頼は失われ、愛は冷え、正義は喪失し、共同体の秩序は崩壊します。しかし今朝の箇所でエレミヤが特に問題にしたのは、エルサレムの人々が神に背く者になったこと自体ではありませんでした。と言いますのは、神と共に生きる者がときには神に背き、信仰の熱心を失い、神以外のことが重大に思えてしまうことは、起きることです。私たちにも起きるのではないでしょうか。エレミヤが嘆いたのは、ただイスラエルの民が神に背く者になったことでなく、「いつまでも背いている」ことでした。信仰が曖昧になり、神なしの状態になることはあり得るでしょう。

しかし、いつまでもずっとその状態にいることはあり得ないとエレミヤは嘆きました。「いつまでも背いている」とは、金輪際、神に立ち帰ろうとしないということです。一度でなく、何度か背くこともあるでしょう。しかし背くたびに立ち帰るのが当然ではないか、そうエレミヤは言います。

主はこう言われると語って、エレミヤは神の言葉を伝えました。「倒れて、起き上がらない者があろうか。離れて、立ち帰らない者があろうか」。通常の人間は、倒れることがあるものです。しかし倒れたら起き上がる、それが普通の人間だと言うのです。なのに、なぜ神に背きっぱなしなのか、それは、倒れて起き上がろうとしない異常な人間の行動だとエレミヤは言います。倒れたままでいる、それはまるで「馬が戦場に突進するように、それぞれ自分の道を去っていく」、去ったままで帰ってこないのと同様だと言うのです。イスラエルの民は神から遠く離れ去って、行ったきりで戻ってこないと言うのです。

預言者はもう一つの譬えを語りました。「空を飛ぶこうのとりもその季節を知っている」（八7）。渡り鳥は、渡るときを知っています。夏の鳥であれば、秋と共に南に渡り、春と共に戻って来ます。「山鳩もつばめも鶴も、渡るときを守る」。ときを知り、そして守ると言います。神の時、神の秩序を知る。「知る」とは信頼を持って知ること、そしてそれを守ることです。「しかし、わが民は主の定めを知ろうとしない」。「主の定め」というのは、宿命ではありません。そうでなく、主の憐れみの計らいのこと、神の恵みの判断のこと、そしてその告知のことです。こうのとりも、山鳩も、つばめも鶴も、神の時と秩序とを信頼しつつ知っており、そして守っているのに、わが民は主の定め、主の御旨を知ろうとしない。それを知ったなら、神に立ち帰るはずではないか。そうエレミヤは嘆いたのです。

主イエスも「空の鳥をよく見なさい」（マタ六26）と言われました。「種も蒔かず、刈り入れもせず、倉に納めもしない。だがあなたがたの天の父は鳥を養ってくださる」とお語りになりました。私たちに対する神への信頼の教師として、鳥や花を指さしました。エレミヤは「主の定め」を知り、それによって生きている鳥の姿を指し示して、神に戻ってこようとしないイスラエルの民の異常さを嘆いたのです。

イスラエルの民には指導者たちがいました。彼らは「賢者」と言われていたようです。彼らの言葉が引用されています。「我々は賢者といわれる者で／主の律法を持っている」（8節）。しかしエレミヤは、彼ら賢者を名乗る指導者たちが持っている律法そのものが、すでに書記の手で改ざんされていると言いました。だから、「賢者は恥を受け、打ちのめされ、捕らえられる」と威嚇しました。「主の言葉」を侮ってはならない、それは国際社会の危機の中を生きるときにも同様だと語ったのです。

こうしてエレミヤが嘆き、非難し、威嚇したのは、民が神に背き続けていること、倒れても起き上がろうとしないことでした。主の憐れみの計らいを知ろうとせず、主の言葉を侮っていることが問題でした。それをあり得ないこととして、嘆き、攻撃したわけです。ですからエレミヤが頼りとし、望みをかけたのは、「主の定め」であり、「主の言葉」です。嘆きと威嚇の理由は、イスラエルの民とその指導者たちが、主の定め、主の憐れみの告知を知ろうとせず、神の言葉を侮っていることでした。「主の定め」とは何でしょうか。また賢者たちが侮ってはならないと言われた「主の言葉」とは何でしょうか。エレミヤはそれを前提にしています。

今朝、「主の定め」とは何で、「主の言葉」とは何かと問うたら、私たちは旧約聖書だけでなく、新約聖書も読まなければならないでしょう。キリスト教会は、当初、聖書と言えば旧約聖書だけでした。新約聖書の二十七巻がほぼ現在の形で正典とされたのは、紀元四世紀頃のことです。ですから、教会の聖書としては旧約聖書だけという時期がかなり永く続いたはずです。しかし、その間にも使徒たちの手紙が回し読みされましたし、礼拝では使徒的な信仰によって旧約聖書が読み解かれました。ルカによる福音書四章には、主イエスのおられた礼拝の様子が伝えられています。ナザレでのある安息日のこと、預言者イザヤの巻物が渡され、主イエスはそれをお読みになり、巻物を係の者に返して席に座られると、会堂にいるすべての人の目がイエスに注がれたというのです。そこでイエスは、「この聖書の言葉は、今日、あなたがたが耳にしたとき、実現した」（ルカ四21）と話し始められたと言われます。キリスト教会の礼拝の根本がそこに示されています。私たちの今朝の礼拝も、主イエスが聖書をお読みになり、そして「この聖書の言葉は、今日、あなたがたが耳にしたとき、実現した」と語られます。その主の言葉を聞いてよいし、聞くべきではないでしょうか。それがキリスト教会の礼拝でしょう。

預言者エレミヤは、イスラエルの民が「主の定めを知ろうとしない」と嘆き、民の指導者たちが「主の言葉を侮っている」と非難しました。イスラエルの民を起き上がらせ、もう一度神に立ち帰らせるのは、「主の定め」であり、「主の言葉」です。渡り鳥が時を知り、守るように、主の定めを信頼して親しく知り、信頼を込めて守るのが至極当然なのです。イスラエルの指導者たちを本当に賢者にするのは、「主の言葉」で、それに聞き、それを守ることです。「この聖書の言葉は、今日、あなたがたが耳にしたとき、実現した」との主イエスの御言葉に従えば、「主の定め」、主の憐れみの計らいとその告知は、主イエスにおいて実現しています。「主の言葉」「主の定め」とは、主イエス・キリスト御自身のことと受け取るべきでしょう。

主イエス・キリストの御許で聖書に聞くのが、使徒的信仰による教会の礼拝です。旧約聖書はそのとき、一段深みにおいて、主イエス・キリストを指し示していると言うべきでしょう。そう理解するとき、イスラエルが倒れたままでいるはずはない、いてよいはずがないというエレミヤの言葉も一層深く理解できます。私たちの信仰が萎え、神以外の者に振り回されることがあるとしても、しかしいつまでもそうだということはあり得ないことです。なぜなら、「主の定め」を知ろうとしないでいるとか、「神の言葉」を侮っていることはできないからです。「主の定め」とは「主の十字架」であり、「主の言葉」とは「主の十字架の言葉」だからです。通常の人間なら起き上がるし、こうのとりさえその季節を知っている。まして主の定め、主の憐れみの計らいが主イエス・キリストに示され成就しており、主の定めが主の十字架であり、主イエス・キリストが神の言葉であれば、神の言葉を侮って神に立ち帰らないというはずはありません。

今日はお読みいただきませんでしたが、同じエレミヤ書八章の少し後の方に「ギレアドの乳香」の話が出てきます。22節です。「ギレアドに乳香がないというのか／そこには医者がいないのか。なぜ、娘なるわが民の傷はいえないのか」。エレミヤの嘆きが続いています。ギレアドには乳香があります。ギレアドの灌木の幹から採れる樹液は、痛みを鎮める塗り薬になると言われていました。その乳香がないのか。なぜイスラエルの民の傷は癒えないのかとエレミヤは嘆いたのです。このエレミヤの嘆きに、ニグロ・スピリチュアルが応えています。イスラエルの民が痛みを知った民であったように、同じく永い悲惨の中で痛みを経験したアフリカ系アメリカ人たちは歌いました。「ギレアドには乳香がある」（There is a Balm in Giread）と歌ったのです。そして「あの人はみなのために死なれた」と歌いました。主イエスが皆のために十字架に死なれた、それがギレアドの乳香だと歌ったのです。主イエスの十字架によって私たちの傷とその痛みは癒えると歌ったわけです。それで故郷に戻ったら、たとえ雄弁に語れなくても、主の十字架を証ししようと歌い合いました。

「主の言葉」とは、主の十字架の言葉です。誰がそれを侮れるでしょうか。誰も侮ることはできません。「主の定め」「主の計らい」は主の十字架です。それを知らぬ顔ですますことはできないでしょう。主の十字架に主の言葉と主の定めを知ることが、私たちをもう一度、起き上がらせてくれます。そして神へと立ち帰らせてくれます。何が一番重大で、何のために生きるのかを分からせてくれます。傷ついた心や体の痛みも鎮めてくれます。主に立ち上がらされて、新しい一週間を歩んでいきましょう。

エレミヤ書九章22－23節

力ある者にその力を誇らせてはならない

主はこう言われる。
知恵ある者は、その知恵を誇るな。
力ある者は、その力を誇るな。
富ある者は、その富を誇るな。
むしろ、誇る者は、この事を誇るがよい
目覚めてわたしを知ることを。
わたしこそ主。
この地に慈しみと正義と恵みの業を行う事
その事をわたしは喜ぶ、と主は言われる。

今年（二〇一八年）は、明治維新が行われた年から数えて百五十年目に当たり、「明治一五〇年」と言われたりします。政府もそれで「明治の精神」を強調したいと言っていると、新聞のコラムで読みました。しかし、「明治の精神」とは何でしょうか。世界に目を開き、「富国強兵」や「殖産興業」を合言葉に、新しい文物を積極的に取り入れた精神とも言えるでしょう。しかし、「明治の精神」は他方で、国家主義や天皇制を押し進めて、排外主義になり、やがて昭和に入ると熱狂的な超国家主義になり、アジア諸国への侵略や無謀な自滅的戦争に突き進みました。その結果は国の内外の多くの人命を奪う結末になりました。明治の精神を強調するなら、当然その限界とマイナス面も認識しなければならないでしょう。キリスト教会は、この百五十年間、ある面で明治の精神と共に歩みながら、時にそれによって苦しめられ、伝道にも教会形成にも厳しい迫害を経験してきました。

今朝の聖書の預言者エレミヤを通しての神の言葉は、明治の精神の限界とも深く関係するように思われます。預言者エレミヤの時代は、イスラエルが二つの王国に分裂し、そのうち北王国は紀元前八世紀にアッシリア人によってすでに滅ぼされていました。イスラエル十二部族のうち十部族は、この北王国の滅亡と共に消滅し、エレミヤが生きた南王国ユダも迫りくる滅亡の危機に直面していました。今朝の箇所が、エレミヤ自身の生涯のいつ頃に語られたのかは不明です。しかし、南王国ユダも「富国強兵」や「殖産興業」によって国家の繁栄と安泰を図ろうとしていたことは明らかです。その南王国ユダの体制が立脚していた、いわば「南王国の精神」を、エレミヤは一撃のもとに突いて、その限界を明らかにしています。

「主はこう言われる。知恵ある者は、その知恵を誇るな。力ある者は、その力を誇るな。富ある者は、その富を誇るな」と言うのがそれです。「むしろ、誇る者は、この事を誇るがよい／目覚めてわたしを知ることを。わたしこそ主」。「知恵」を誇るというのは、知性の知と経験の知を含み、現代で言えば科学と技術を含むでしょう。科学立国とか技術立国とか言われます。エレミヤはそれを不要と言っているわけではありません。しかし、それを誇るな、と言っています。それが絶対的ではないからです。その限界を知れ、と言っているのです。「わたしこそ主」という神の事実の前に科学や技術の限界は明らかです。次に力ある者の「力」について語ったのは、個人的な武勇や腕力を語ったのではないでしょう。軍事的並びに政治的な力を意味したと思われます。これについても、まったく不要と言ったのではなく、やはりその限界を知らなくてはならない、力ある者にその力を誇らせてはならない、と語ったのです。その限界を知り、知らない者には知らしめなければならないと言うのです。今日の日本には、ある面流行のように軍備増強が語られます。しかしそれは、人間の力そのものの本質的限界を知りながらでなくてはならないでしょう。政治力や軍事力を誇ってはならないし、誇らせてもならないでしょう。富についても同様です。富がどんなに必要でも、それは究極的な関心事ではあり得ないと言うのです。それで世界平和も世界正義も実現するわけではないからです。それを誇ってはならないし、誇らせてもなりません。

何を誇るかということは、その人の信仰を表現します。日本は「国教」を持ちません。憲法によって放棄しました。国教で失敗したからです。そして信仰の自由の国であることを表明しています。信仰問題はそれぞれの個人や家庭に委ねられています。そのとき聖書の信仰は、「むしろ、誇る者は、この事を誇るがよい／目覚めてわたしを知ることを」と言います。「わたしこそ主」は「わたしヤハウェ」という主の言葉です。主（ヤハウェ）を知ることを誇りとします。使徒パウロは主を知ることを、否、主に知られていると言い換えました。主に知られ、主を知るとは、知識があることでなく、心の深みからの主への愛と信頼の人格的な関係を言い、生活全体を通して主なる神との交わりにあることを言います。それを誇るというのは、そこに人間の能力としての知恵にまさる本当の知恵、人間の力にまさる本当の力があり、この世の富にまさる真実の富があると言っているわけです。それが聖書の信仰でしょう。

ある人は「誇る」ことは、その人をエキサイトさせると言います。最も誇るべきものがその人を心底、興奮させる。そして隣人にそれを語り出したら、止められない。そういう誇る方が主、ヤハウェだと言います。エレミヤのこの箇所が使徒パウロに非常な影響を与えました。パウロ書簡の中に二か所、この箇所が引用されています。「誇る者は主を誇れ」（Ⅰコリ一31、Ⅱコリ一〇17）という言葉です。それはエレミヤのこの箇所から来ていると言われます。

「南王国ユダの精神」に欠けていたのは、主を知ることをこそ誇る愛と信頼の人格的信仰でした。主を知る中に人間の知恵、力、富にまさる真実の知恵、力、富があることを知り、人間の知恵、力、富の限界を知ることでした。現代の精神にも「科学」と「軍事や政治の力」、それに「富」の追求があるでしょう。あるのはそれだけになっているとも言えるでしょう。もちろんそれらも、それなりに必要かもしれません。しかし絶対的、究極的に必要なものではありません。肝心要の誇りをかけることができるものではありません。本当の意味で魂をゆさぶり、それを語ることを決して止められないこと、それは、「わたしはヤハウェ」と語りかける主のことです。主がおられ、愛をもって語りかけ、主を信頼して生きることができることです。そこに人間の知恵、力、富にまさるものがあります。そこから人間の知恵、力、富の限界が分かります。人間の知恵、力、富の縛りから解放されます。人間の知恵や力や富は目的ではありません。それらはより高次な目的のための手段にすぎないはずです。手段が目的になってしまっては、話は全く違ってしまいます。

人間の知恵、力、富、あるいは科学や政治・軍事の力、そして経済的な富は、どんなに重大でも、それらが世界を究極的に動かしているわけではありません。人間の運命を決めているわけでもありません。それらに人間の運命を決めさせてはならないでしょう。そうではなく、主なる神がおられ、神が生きて働き、ことをなしておられます。エレミヤに対する神の言葉は、人間の知恵、力、富の「三つ揃え」に対して、神の「慈しみ」と「正義」と「恵みの業」の「三つ揃え」を語りました。神の慈しみはヘセドと言い、神の契約的な愛を意味しています。それに正義すなわち公道です。これは公の秩序で、ミシュパートと言われます。そして恵みの業、これは義とも訳すことのできる正しい振る舞いで、ツェダカーと言います。愛と公道と義、ヘセドとミシュパートとツェダカー、それを神は「この地に行う」と言われます。「この地に行う」というのは、この地上世界に行うことであって、イスラエルの地だけを言っているのではありません。この地上、全世界に神はヘセド（慈しみ・契約的な愛）、そしてミシュパート（公道、公の正義）、それにツェダカー（恵みの業、義の行為）を行うというのです。世界はそこにかかっています。人間の三大能力に対し、全能なる神の「三つの業」が語られています。生ける神の御業を忘れてはならないでしょう。

力ある者にその力を誇らせない。そのためには、生ける神の御業を信じ、ほめたたえ、誇りとし、それを語ることに、倦み疲れないということでしょう。私たちをエキサイトさせるのは、人間の知恵や力や富ではなく、「わたしこそ主」と言われる神が生きて働いてくださることです。「慈しみ」と「正義」と「恵み」の業をなす神、主なる神が私たちを本当の意味でエキサイトさせます。

エレミヤはどのようにして「わたしこそ主」と言われる神を知ったのでしょうか。「わたしこそ主」と言われる神は、出エジプトの出来事と結びついていました。私たちは、イエス・キリストによって、主イエスの生涯と、その十字架と復活の出来事によって、主なる神を知ります。主イエス・キリストに啓示された神の慈しみ、神の契約的な愛は、何ものによってもそこから引き離されることのない愛です。死よりも強い愛と言ってもよいでしょう。その正義はどんな破壊よりも強く、その恵みの業はどんな悪意よりも強いでしょう。主なる神は、慈しみを行い、正義を実践し、恵みの業を作り出します。それを「喜ぶ」と主は言う、と御言葉は語ります。神の業は神の喜びから溢れ出ています。

人間は人間の活動に疲れます。疲労し、倦怠します。嫌になってしまいます。それで科学者もいつしか科学をやめ、政治家も政治に飽き、経営者も経営に対する倦怠感に捕らえられます。しかし神は、慈しみを実践することに飽きません。正義をなすのに倦むことがありません。恵みの業を行うのに倦怠なさらない。なぜならそれは、神の「喜び」から溢れ出ているからです。その主を知っている、その主を信じて、主なる神との交わりに生きる。それが信仰の生き方です。私たちの日ごとの生活の根本に神の喜びがあり、その喜びから溢れ出てきているものがあるのです。神に知られ、神を知り、神との交わりに生きる、その信仰に科学にまさる知恵があり、政治や軍事にまさる力があり、この世の富にまさる富があります。主を知る信仰に生き続け、主を誇る者でありたいと願います。

エレミヤ書一一章18－23節

運命を主宰する神

主が知らせてくださったので
わたしは知った。
彼らが何をしているのか見せてくださった。
わたしは、飼いならされた小羊が
屠り場に引かれて行くように、何も知らなかった。
彼らはわたしに対して悪だくみをしていた。
「木をその実の盛りに滅ぼし
生ける者の地から絶とう。
彼の名が再び口にされることはない」。
万軍の主よ
人のはらわたと心を究め
正義をもって裁かれる主よ。
わたしに見させてください

あなたが彼らに復讐されるのを。
わたしは訴えをあなたに打ち明け
お任せします。

それゆえ、主はこう言われる。
アナトトの人々はあなたの命をねらい
「主の名によって預言するな
我々の手にかかって死にたくなければ」と言う。
それゆえ、万軍の主はこう言われる。
「見よ、わたしは彼らに罰を下す。
若者らは剣の餌食となり
息子、娘らは飢えて死ぬ。
ひとりも生き残る者はない。
わたしはアナトトの人々に災いをくだす。
それは報復の年だ」。

人間は誰でも自分の思い通りに変えることのできない現実に直面しているものです。個人的な経験でも、世界的な歴史の経験でもそうでしょう。変えることのできない現実に直面して、何か大きな運命的な力によって翻弄されていると感じ、自由のない運命感に捉えられそうになることもあるのではないでしょうか。大災害を経験した人、深刻な病、不治の病に撃たれた人、容易に改善が望めない環境や社会の壁に立ちふさがれて、自分の人生を切り開いていくことがとても困難に感じられる人、そういう現実の中で運命を感じる人々が多いのではないでしょうか。預言者エレミヤにもそういう時がありました。

今朝の聖書の箇所は、エレミヤの「告白録」と言われる文書の初めの部分です。預言者は一般公衆の前で神の言葉を語るものです。ですからその言葉は、秘密にされることなく、公の性格を持ったもので、公然たる言葉であるはずです。それは街頭演説のようであって、決してプライベートな内緒話と言うことはできないでしょう。しかし、その預言者にも個人的な嘆きを密かに漏らすときがありました。エレミヤの告白録にはそういう個人の魂の発露が記されています。あたかも詩編に見られる個人の嘆きの歌のようです。それがエレミヤ書の中に見られます。

エレミヤはその個人的告白録の中で何を嘆いたのでしょうか。19節に「わたしは、飼いならされた小羊が屠り場に引かれて行くように、何も知らなかった。彼らはわたしに対して悪だくみをしていた」と記しています。人の悪だくみのターゲットにされるというのは、よくある話と言えるかもしれません。しかし、それを経験した人にとっては思い出したくもない嫌な経験でしょう。内容によってはただごとではありません。エレミヤの場合はどうだったでしょうか。悪だくみの内容は尋常ではありませんでした。ことの首謀者たちはアナトトの人々、つまりエレミヤの同郷の人々でした。21節には「アナトトの人々はあなたの命をねらい／『主の名によって預言するな／我々の手にかかって死にたくなければ』と言う」とあります。エレミヤは同郷の人々に命を狙われたのです。さらに言いますと、一二章6節には「あなたの兄弟や父の家の人々／彼らでさえあなたを欺き／彼らでさえあなたの背後で徒党を組んでいる。彼らを信じるな／彼らが好意を示して話しかけても」とあります。故郷の人々によるエレミヤの暗殺計画があり、それに兄弟や親族も加わっていたというのです。

いったいどうしてそんな異常事態になったのでしょうか。エレミヤがヨシア王の宗教的な政治政策に賛成したからという説があります。ヨシア王の政策は国中に分散した諸聖所を廃止して、宗教的祭儀をエルサレム神殿に集中させるものでした。それによってアナトトの祭司であったエレミヤの家族たちは生計の基盤を脅かされたという説です。しかし、エレミヤがヨシア王を積極的に支持した証拠はありません。むしろ、「主の名によって預言するな」という脅し文句を受けたことが、ことの真相を伝えているのではないでしょうか。エレミヤが主の名によってなした預言、つまり彼が召命に応えて実践したこと自体が、親族や兄弟の恨みを買ったのです。例えば、エレミヤは「主の神殿、主の神殿、主の神殿」とまじないのように叫ぶ言葉を「むなしい言葉」と呼びました。それは「救う力を持たない」といって、神殿にしがみつく神殿信仰を攻撃しました。神殿信仰に対するこの非難が、エルサレム近郊の地方都市アナトトの祭司家族の経済基盤を脅かすと受け取られたのではないでしょうか。いずれにしても、彼の親族も兄弟も、主なる神の言葉としてそれを聞こうとせず、エレミヤの預言も預言者としてのエレミヤの召命も否定し、拒否して排斥したのでしょう。「主の名によって預言するな」ということは、エレミヤの召命の根本を攻撃したことを意味します。信仰生活を止めよと言うようなものです。

エレミヤを暗殺する計画は、ひそかに企てられ、エレミヤは「飼いならされた小羊が屠り場に引かれて行く」ようであった、つまり命の危険を前にして何も知らなかったと言っています。「小羊」と並んで出てくる譬えは「木」です。「木をその実の盛りに滅ぼし／生ける者の地から絶とう」。エレミヤは自分を「切り倒される壮年の木」と感じました。一生の成果をまだ収穫していない、実の盛りに切り倒され、そして忘却されると感じたわけです。木は通常、個人でなく、民を表現します。今朝の御言葉の直前の一一章16節に「主はあなたを、美しい実の豊かになる緑のオリーブと呼ばれた」とあります。これはイスラエルの民に対する言葉です。エレミヤは、そのオリーブの木が火に包まれ、その枝は損なわれると預言しました。「あなたを植えられた万軍の主は、あなたについて災いを宣言される」。そう預言したエレミヤのことを、その預言ゆえにその民が、切り倒そうとしたわけです。民に対して預言した運命が、エレミヤ自身の運命に転じて降りかかってくるようです。神の召命に従うことが、親族からの拒絶を生み、命を狙う悪だくみのターゲットにされることになりました。信仰に生きることが、故郷からの断絶や社会からの拒絶に遭うことは、私たちにも起こることではないでしょうか。

神の召命に生きる信仰者として、その中をどう耐えていけるでしょうか。エレミヤの告白録の言葉は、「主が知らせてくださったので／わたしは知った」です。そして、「彼らが何をしているのか見せてくださった」と言います。エレミヤは親族や兄弟までもが首謀者として加わった自分に対する暗殺計画を、初めはまったく知りませんでした。しかし、おそらくは誰かがある段階でエレミヤに漏らし伝えたのではないでしょうか。エレミヤにとってそれは、「主が知らせてくださったので／わたしは知った」ことでした。この点は重大です。体の異変であれば、自分で気付くかもしれませんし、医者が教えてくれるでしょう。しかしその時にも、「主が知らせてくださったので／わたしは知った」と受け止めることができるでしょう。そして、「彼らが何をしているのか見せてくださった」と言います。主が知らせ、主が見せてくださる。そしてそのようなものとして現実を見ます。そこから運命感が変わってきます。

人間の本当の運命を知らせるのは政治でも科学でもありません。人生も世界も将棋盤ではないのです。一定のルールに従った動きの世界でもなければ、人工頭脳で管理できるわけでもありません。「彼らが何をしているのか見せてくださった」のは「主」です。主が知らせ、主が見せてくださいます。このことは具体的に言うと、神との親密な交流の中で現実を知り、現実を生きることとです。さらに具体的に言うと、神への祈りの中で現実を受け止め、密かに進行中の悪だくみを知り、祈りの中でそれを見るということです。運命の現実は概して見たくもない現実です。しかし、エレミヤはそれを主が知らせ、見せてくださった現実として受け止めました。より深く知り、より真実に見て、現実を受け止めたのです。

そのときの祈りも記されています。「万軍の主よ／人のはらわたと心を究め／正義をもって裁かれる主よ。わたしに見させてください／あなたが彼らに復讐されるのを」（20節）。「万軍の主よ／人のはらわたと心を究め／正義をもって裁かれる主よ」と祈る人は、すでに運命感に押しつぶされていません。運命の真の主宰者が誰であるかを知っています。自分の命を狙う故郷の人々でもなく、その時代の社会や国際政治の現実でもありません。万軍の主がおられます。現実を遥かに超えて、しかも現実を制御し、「悪だくみ」に騙されず、むしろそれを用いて運命を主宰する神がおられます。運命を主宰する神への信仰がこの祈りの中に表現されています。

エレミヤは万軍の主である神に祈り、訴え、思いのたけを打ち明け、そして「お任せします」と祈りの言葉を結びました。さらに主の回答を聞いたと語って、その内容を記しています。「見よ、わたしは彼らに罰を下す。若者らは剣の餌食となり／息子、娘らは飢えて死ぬ」。やがて歴史は過酷な経過をとり、アナトトは壊滅し、生き残った人々はバビロン捕囚に連れ去られました。しかし神は、エレミヤの祈った通りにすべてを運んだわけではありませんでした。エズラ記二章にバビロン捕囚から帰還した民の人数が記されています。その中にアナトトの男子百二十八人が共に帰還したと記されています。たとえ復讐を願ったとしても、神に訴え、神に打ち明け、そして「神よ、あなたにお任せします」と祈るのが祈りです。運命の主宰者である神に訴え、打ち明け、そして任せます。神への篤き信頼が親しき者の裏切りにあった人を運命感から自由にします。神が主宰しておられることに信頼を寄せさせます。どんな過酷な運命の中にも篤く信頼できる神がおられます。この神を信じ抜くことが運命感から解き放ちます。しかし過酷な運命の中で、そのような篤き神信頼にどうしたら生きられるでしょうか。

エレミヤは自分が何も知らずに屠り場に引かれていく小羊であると感じました。実のなる盛りに切り倒される木と感じました。しかし、エレミヤが故郷の者たちから命を狙われ、運命の中で小羊と感じ、実の盛りに切り倒される木と感じたとき、実は、主イエス・キリストの苦難をかすかに映し出したのです。私たちは本当に屠り場に引かれて行った小羊、しかも私たちのために屠り場に引かれて行った小羊を知っています。実を実らせた木がその収穫の前に切り倒されたのも知っています。主イエス・キリストがその小羊、その実の盛りに滅ぼされた木でした。主イエスは、その民のために仕えながら、その民によって命を絶たれました。どんな過酷な運命であれ、私たちの運命はこの主イエス・キリストによって受け止められます。キリストは私たちの運命を包括的に生きたのです。誰もが主イエスの中で、自分の運命がすでに経験されているのを知ることができるでしょう。私たちが抱えているすべての苦難は、主イエス・キリストが受けた苦難の中に取り入れられています。主イエス・キリストの試練が私たちのあらゆる試練を担い取ってくださっています。それゆえ、主を遣わした神が運命を主宰する神であると信じることができるのではないでしょうか。父なる神が運命を主宰する神であると信じることができれば、私たちは主にあって自由にされます。主イエスに従う信仰生活に邁進することができるでしょう。どんな過酷な運命の中でも、主を信じる信仰の喜びを持って、耐え抜くことができるでしょう。これが、私たち自身の人生とこの世界歴史の中を生き抜く、私たちの信仰ではないでしょうか。

エレミヤ書一七章9-18節

心の闇に向き合う

人の心は何にもまして、とらえ難く病んでいる。
誰がそれを知りえようか。
心を探り、そのはらわたを究めるのは
主なるわたしである。
それぞれの道、業の結ぶ実に従って報いる。
しゃこが自分の産まなかった卵を集めるように
不正に富をなす者がいる。
人生の半ばで、富は彼を見捨て
ついには、神を失った者となる。

栄光の御座、いにしえよりの天
我らの聖所、イスラエルの希望である主よ。
あなたを捨てる者は皆、辱めを受ける。

あなたを離れ去る者は
地下に行く者として記される。
生ける水の源である主を捨てたからだ。

主よ、あなたがいやしてくださるなら
　わたしはいやされます。
あなたが救ってくださるなら
　わたしは救われます。
あなたをこそ、わたしはたたえます。
御覧ください。彼らはわたしに言います。
「主の言葉はどこへ行ってしまったのか。
それを実現させるがよい」と。
わたしは、災いが速やかに来るよう
　あなたに求めたことはありません。
痛手の日を望んだこともありません。
あなたはよくご存じです。
わたしの唇から出たことは
あなたの御前にあります。

わたしを滅ぼす者とならないでください。
災いの日に、あなたこそわが避け所です。
わたしを迫害する者が辱めを受け
わたしは辱めを受けないようにしてください。
彼らを恐れさせ
わたしを恐れさせないでください。
災いの日を彼らに臨ませ
彼らをどこまでも打ち砕いてください。

人の心は正直でなく、嘘をつくと、ある心理学者が書いていました。その心理学者はある人から相談を受けたのだそうです。「息子夫婦の折り合いが悪く、夫婦喧嘩が絶えなくて困る」と言うのだそうです。しかし、よくよく話を聞いているうちに、内容はだんだん違ってきて、要するに「自分の老後がどうなるかが心配だ」というのが本音と分かってきたというのです。自分の老後が心配で、息子夫婦の喧嘩が本当の心配ではなかったのです。それで人の心は嘘をつくと言うわけです。確かに私たちの心は嘘をつきます。そうだとすれば、「自分の老後が心配」という話も、ひょっとすると最終の話ではなく、実はその裏もあって、もっと別の本音を隠しているのかもしれません。人の心の不可解さは、心理学者の理解も超えているのではないでしょうか。
今朝の聖書の箇所で、預言者エレミヤは「人の心の不可解さ」に直面しています。9節では「人の心は何にもまして、とらえ難く病んでいる。誰がそれを知り得ようか」と言い、「心を探り、そのはらわたを究めるのは／主なるわたしである」という神の言葉を伝えています。人の心は何にもましてとらえ難く、不可解で、病んでいる。心は歪んでいるというのです。エレミヤは実際、そういう人間の心の不可解さ、歪みを経験し、それに悩まされました。その経験が今朝の御言葉の背後にあります。しかし、どこでそれを経験したのでしょうか。その具体的な話は記されていません。

預言者は概して言えば、「心の問題」よりも「国家や民の問題」に取り組みました。王と民全員の不信仰を問題にし、神に対する誠実を問いました。エレミヤも彼の祖国である南王国ユダの危機に直面して、王と民衆の不信仰を糾弾しました。しかし、そのエレミヤが今朝の箇所で悩んだのは「人の心」のことでした。イスラエルの民の重大問題の根本には人の心の問題があって、心の不可解さ、心が歪み、病んでいることがあると経験したのです。エレミヤはいったい、誰の心の不可解さに悩まされたのでしょうか。

一つの解釈は、その時の王、ヨヤキムの心です。王の心がとらえ難く病んでいれば、民はたまったものではありません。現代の世界にも現実にある話で、支配者の心の不可解さやその闇のために苦労している国や国民は一つや二つではないでしょう。11節に「しゃこ」の話が出てきます。「しゃこが自分の産まなかった卵を集めるように／不正に富をなす者がいる」。この「しゃこ」は貝のしゃこでも、エビに似たしゃこでもなく、うずらに似た鳥、別名「やまうずら」です。この鳥は自分が産んだのでない卵を集めると言います。ちょうどそのように不正に富をなす者がいる。まことに預言者らしくエレミヤは不正による金持ちを攻撃しました。そして結局のところ不正な富は彼を見捨てると言いました。「悪銭身に付かず」で、それをエレミヤは「人生の半ばで」と言っています。この「人生の半ばで」がヨヤキム王のことを言っているかもしれないと考えさせられるわけです。列王記下二三章には「ヨヤキムは二十五歳で王となり、十一年間エルサレムで王位にあった」と記されています。三十六歳で亡くなりました。それで、「人生の半ばで」と言うのは、この王を指しているのかもしれません。そうだとすれば、エレミヤはその時代の王の心の不可解さに悩まされたことが意味されているでしょう。国家の危機の根本が支配者の心の中にあるのを預言者は経験したことになります。このことは十分に考えられることです。

しかし人の心の不可解さ、心の歪みに振り回される経験は、王の心によるだけではないでしょう。エレミヤを取り囲む周囲の人々の心の経験もエレミヤにはありました。15節を見ますと「彼らはわたしに言います。『主の言葉はどこへ行ってしまったのか。それを実現させるがよい』と」。エレミヤは南王国の滅亡の危機を訴え、人々の不信仰を糾弾しました。しかし彼らは、「お前の語った主の言葉はどこへ行ってしまったのか。それを実現させるがよい」と反撃したのです。エレミヤが人々からそう言われる状況がありました。エレミヤが憂えた国家滅亡がしばし遠のいて見え、エレミヤの預言が現実から遊離していると見られたときがあったのです。ヨヤキムはエジプトの傀儡政権として成立しましたが、その後バビロンの王ネブカドネツァルが勢いを増すと、ヨヤキムはそれに服従し、しばらく小康状態が続いた時期がありました。人々は危機感を失い、北から、つまりバビロンからの脅威を訴えるエレミヤの預言を嘲笑し、「お前の語った主の言葉はどこへ行ってしまったのか。それを実現させるがよい」と嘲笑ったときがあったのです。

エレミヤの言葉に耳を傾け始めた人々にも心変わりが起きました。一度は信頼してくれた人々の中から、エレミヤの預言に疑問を持つ人が出てきたとき、エレミヤは人の心の不可解さを経験したでしょう。「人の心は何にもまして、とらえ難く病んでいる」。そう言わずにはおれなかったのではないでしょうか。

しかし、もう一つの解釈があります。不可解で病んでいたのは、エレミヤ自身の心ではなかったかという問題です。エレミヤ自身が、自分で語ってきた主の言葉に対して確信を失うときがあったのではないでしょうか。エレミヤは確かに王の心の不可解さに悩まされたに違いありません。また周囲の人々、特に一度は信頼を寄せてくれた人々の心変わりに傷ついたでしょう。しかし、預言者にとってあってはならないことも起きます。預言者は神の言葉に確固として立ち、時代のどんな流れにも逆らって、巌のように立ち続けなければなりません。その預言者である彼自身に起きた心の動揺、心の不可解な闇が、彼を苦しめました。人の心の不可解さが自分のこととして預言者自身を襲いました。エレミヤは王の心や、周囲の人々の心だけでなく、自分自身の心の不可解さに苦しんだと思われます。自分の語った神の言葉に対し、自分自身が確信を失い、動揺するのを抑え切れない事態に直面しました。そして彼は恐怖を感じ、それに押しつぶされそうになりました。そういうときがあったのです。そう理解しないと14節のエレミヤの言葉は理解できません。「主よ、あなたがいやしてくださるなら／わたしはいやされます。あなたが救ってくださるなら／わたしは救われます」。そして18節には「わたしを恐れさせないでください」という祈りが続きます。

エレミヤには自分の心が病んでいると思ったときがあったのです。あるいはエレミヤはしばしば病とも言うべき心の動揺の中で、神に祈ったのではないでしょうか。9節の「人の心は何にもまして、とらえ難く病んでいる」と14節の「主よ、あなたがいやしてくださるなら／わたしはいやされます」は対応しているに違いありません。他の人々の心が歪み、エレミヤの心だけが例外であったはずはないでしょう。私たち自身の心も不可解で、歪みます。とらえ難く、病みます。心が折れる時があり、信仰に立ちきれない時があります。恐怖に押しつぶされそうになる時もあるのではないでしょうか。

その事実にエレミヤは向き合いました。預言者にとってあってはならないことだって起きます。そのとき、その事実にエレミヤは真実に向き合いました。そして「主よ、あなたがいやしてくださるなら／わたしはいやされます」と祈ったのです。「心を探り、そのはらわたを究めるのは／主なるわたしである」という主の言葉に信頼したのです。心が不可解で、病むときにも、人の心の闇を知り抜いておられる神を信頼する道を選びました。人生の確かさは、自分の心にあるわけでも、自分の信仰心にあるわけでもありません。信仰を失う動揺と疑いに迷わされるとき、恐れに捉えられるとき、わたしを知って、癒し、救ってくださる神を頼りとする、それが信仰です。「信じます。信仰のないわたしをお助けください」（マコ九24）。そう祈るのが、信仰ではないでしょうか。信仰の確かさは、自分の心の中にではなく、神の中に、神の真実の中にあります。

世の中には真実に直面させない宗教があります。真相を隠してごまかす宗教が多いのです。人の心は嘘をついて騙すでしょうが、宗教も人を騙します。幸せや成功を約束し、真相を隠す宗教は、人生や世界の本当の問題に直面できません。また直面させません。人生や社会の真相を恐れ、虚偽と結託しています。しかし預言者の信仰、そしてイエス・キリストを仰ぐ信仰はそうではありません。真実に直面させます。キリスト教信仰は真相に向き合います。嘘でごまかす宗教、麻薬のような宗教ではありません。キリストは私たちの不信仰、心の不安、そして恐怖に、勝利しておられます。イエス・キリストを仰ぐことは、どんな不安や恐れに対しても、主によって向き合う力になるでしょう。私たちの真相、私たちの現実を知っておられる神に、主にあって祈ることができます。エレミヤが助けを求めて祈ったように、私たちはイエス・キリストを見上げて祈ります。キリストはあらゆる闇に打ち勝っておられます。その主を見上げて祈るとき、どんな事実にも向き合えるでしょう。私たち自身の心の闇にも向き合えます。キリストが共にそれを担い、その闇に打ち勝ってくださるからです。

使徒信条の信仰告白は、「主は……死にて葬られ、陰府にくだり」と言います。使徒信条の「陰府にくだり」の箇所は、キリストが十字架につけられ、死なれたとき、陰府にくだる仕方で、神の怒りによって罪に処せられた人間の恐るべき責め苦を御自分の身に受け、それを忍んだと言うのです。そして悪魔の力、死の恐怖、陰府の苦悩と格闘して、キリストは勝利したという信仰を言い表しています。カルヴァンは、この信仰の告白について、キリストを仰ぐことによって、もはや死を恐れないと言いました。われらの主がそれを呑み干してしまったからというのです。キリストを仰いで、祈って、どんな現実にもその真相に直面しつつ、キリストの勝利のうちに置かれて、前進したいと願います。それがキリストのからだである教会が信じて生かされている信仰ではないでしょうか。

エレミヤ書一八章1－12節

神は陶器師である

主からエレミヤに臨んだ言葉。「立って、陶工の家に下って行け。そこでわたしの言葉をあなたに聞かせよう」。わたしは陶工の家に下って行った。彼はろくろを使って仕事をしていた。陶工は粘土で一つの器を作っても、気に入らなければ自分の手で壊し、それを作り直すのであった。

そのとき主の言葉がわたしに臨んだ。「イスラエルの家よ、この陶工がしたように、わたしもお前たちに対してなしえないと言うのか、と主は言われる。見よ、粘土が陶工の手の中にあるように、イスラエルの家よ、お前たちはわたしの手の中にある。

あるとき、わたしは一つの民や王国を断罪して、抜き、壊し、滅ぼすが、もし、断罪したその民が、悪を悔いるならば、わたしはその民に災いをくだそうとしたことを思いとどまる。

またあるときは、一つの民や王国を建て、また植えると約束するが、わたしの目に悪とされることを行い、わたしの声に聞き従わないなら、彼らに幸いを与えようとしたことを思い直す」。

今、ユダの人々とエルサレムの住民に言うがよい。「主はこう言われる。見よ、わたしはお前たちに災いを備え、災いを計画している。お前たちは皆、悪の道から立ち帰り、お前たちの道と行いを正せ」。彼らは言った。「それは無駄です。我々は我々の思いどおりにし、おのおのかたくなな悪い心のままにふるまいたいのだから」。


信仰生活の中心は礼拝にあります。ですが同時に、礼拝以外の日常生活の中にも神と共に生きる生活はあります。今朝の聖書箇所は、預言者エレミヤが日常生活の中でどのように神様の言葉を聞いたかを記しています。

主なる神はあるときエレミヤに「立って、陶工の家に下って行け」と言われました。陶工の家とは、陶器を作る陶器師の仕事場です。陶器師が陶器を作るためには、粘土をよく捏ねなければなりません。そのために水が必要です。「陶工の家に下って行け」とあるのは、文字通り谷を下って、水辺近くにあった陶器師の作業所へ行くようにということです。陶器師は「ろくろ」を使って仕事をします。エレミヤは陶器師がろくろを回しながら器を作る作業をじっと見ていました。「陶工は粘土で一つの器を作っても、気に入らなければ自分の手で壊し、それを作り直すのであった」と記されています。陶器師の作業ぶりをエレミヤはじっと見ながら、神の言葉を聞きました。

日常生活の出来事はいつも些細なことが多いものです。今まで何度も目にしてきたことが大部分です。しかしそこに改めて目を注いで、神の言葉を聞くのは、預言者エレミヤの特徴的な信仰姿勢でした。エレミヤが預言者として召命を受けたときもそうでした。そのとき身近にあったのは、アーモンドの木でした。ヘブライ語で「シャーケード」と言います。「シャーケード」という言葉は、読み方を変えると「見張っている」（ショーケード）という意味になって、エレミヤはアーモンドの枝を見ながら、神が見張っておられると知ったと言うのです。身近な日常生活から、その奥に神様の御旨を知り、世界と歴史の主である神の御業を理解するのが、預言者エレミヤの信仰生活でした。

今朝の一八章のエレミヤは、陶器師の仕事ぶりにじっと目を注いで、神の言葉を待ちました。できた器を自分の手で壊して、粘土を捏ね直し、ろくろを回しながらもう一度器を作る。何度でも作り直し、気に入った作品を作るまで手を止めない。その仕事ぶりをじっと見ていたエレミヤに、神の言葉が臨みました。「イスラエルの家よ、この陶工がしたように、わたしもお前たちに対してなしえないと言うのか」。そう主が言われるのを、エレミヤは聞きました。「見よ、粘土が陶工の手の中にあるように、イスラエルの家よ、お前たちはわたしの手の中にある」（6節）。一言で言いますと、神様は陶器師だというのです。そして私たちはその御手の中の粘土です。陶器師は粘土の器をその手で壊します。そしてその手で作り直し、気に入った器を作ります。神は自由なお方で、その御手には力があります。壊し、そして作り直す権威、つまり主権をお持ちです。それは、神は勝手気ままに作るという意味ではありません。気に入った器を作るというのは、神様に御計画があるということです。陶器を作る目的や考えがおありになるわけです。神のその主権的な御手の中にお前たちはいると言うのです。

7節以後は内容が微妙に変化しています。陶器師である神が陶器を作る話から強調点が移って、人間の「悔い改め」が語られます。「一つの民や王国を断罪して、抜き、壊し、滅ぼすが、断罪したその民が、悪を悔いるならば、……思いとどまる」。逆に「一つの民や王国を建て、また植えると約束するが、わたしの目に悪とされることを行い、わたしの声に聞き従わないなら、彼らに幸いを与えようとしたことを思い直す」。前半の6節では、御自分の計画と目的を持つ主権的な神の自由による作り直しが語られたのに対し、後半、7節以後は神の主権に対して悪をもって応答するか、それを悔いるかという人間の応答が問われています。

どちらに今朝の聖書の主題があるかといえば、神の御手にある自由と主権的な力が、エレミヤの聞いた御言葉の重大な内容であったことに疑いはないでしょう。神は陶器師で、私たちは粘土と言われます。器として作られ、壊され、また作り直されると言うのです。ということは、誰の人生もその人自身の勝手にはならないということでしょう。その人の人生の主人は、その人自身ではありません。今朝の聖書の中心的な御言葉は6節です。「お前たちはわたしの手の中にある」。誰もがこの御言葉を聞かなければならないでしょう。順風満帆で、人生に傲慢になっている人、自分を成功者と自惚れている人、権力ある地位にいる人は、この主の言葉に聞くべきです。「お前たちはわたしの手の中にある」。主なる神の手の中にある粘土ということは、主の手によって壊されるということでもあります。壊されるのは、裁かれるということの表現です。ですから、「あるとき、わたしは一つの民や王国を断罪して、抜き、壊し、滅ぼす」と言われ、「悪を悔いる」なら、「その民に災いをくだそうとしたことを思いとどまる」とも言われることになります。

「お前たちはわたしの手の中にある」という主の言葉は、逆に今、逆風にあり、苦しんでいる人、人生が思い通りにならないと悔やんでいる人も聞くべきでしょう。神が陶器師であり、捏ね直し、作り直しをなさる。それは気まぐれでなく、明確な意志と御計画を持ち、目的を持って、私たちを器として作られるということです。それなら、神の御手の中にあって、無駄で無意味な器はない、無かった方がよかったような人生は一つもないということでしょう。神の手の中にあるということは、悪魔の手中にあるのでもなければ、暴君のような運命の手の中にあるのでもありません。「一つの器を作っても、気に入らなければ自分の手で壊し、それを作り直す」。力ある自由によって、神はこれをしてくださいます。忍耐強くろくろを回し、御自分の気に入った器を作る神の御手には、ただ神の自由と神の力が表現されているだけでなく、手の中の粘土を慈しむ神の繊細さと憐れみもまた示されているのではないでしょうか。

「お前たちはわたしの手の中にある」と言われ、器を壊し、そして作り直すと言われる神の御手は、強引な御手と思われるかもしれません。しかし、今私たちを捕らえている神の手は、イエス・キリストに示された神の御手ではないでしょうか。イエス・キリストと無関係に神の手があるのではありません。主イエスが父なる神と一つであることは、その御手についても言えることです。神の御手は主イエスの手に示されています。「だれも彼らをわたしの手から奪うことはできない」（ヨハ一〇28）と主は言われます。神の御手の中に神の慈しみがあります。主イエス・キリストの手は、私たちに代わって十字架にかかり、釘づけられた手です。その手の中にある粘土が私たちです。陶器師である神は、その御計画によって、私たちを器として作られます。神の御意志と御計画によって私たちが器として作られるその目的は、主イエス・キリストの恵みの福音という宝を入れて、それを証しし、隣人に、また次世代に運ぶためではないでしょうか。

五十代の若さで一人の牧師が脳梗塞で倒れました。数年前のことです。説教者であることに力を注ぎ、若い牧師たちの指導もしていた人で、説教の賜物のある牧師でした。しかし、脳梗塞で説教をすることができなくなり、歩くこともできなくなりました。牧師としてもはや無理と誰もが思いました。相当のリハビリの努力があり、その甲斐もあってか、昨年、少し小さな集いの教会に転任し、再出発したと聞きました。最近、ある教会の月報に、まだ再出発になるかならないかの苦闘の中にあったときのその牧師の言葉が紹介されていました。「神様はきっと最上のことをしてくださっているに違いない」と語ったというのです。それがその牧師の再起の努力を支えました。

「お前たちはわたしの手の中にある」。私たちを捕らえ、壊すけれども作り直す神の御手は、力ある神の自由な手です。そしてそれは主イエス・キリストの御手であって、愛と憐れみを成し遂げてくださる御手に違いありません。どうにもならない運命の中に置かれているのではありません。私たちは何もできないのではありません。神様を信頼し、神様の御計画に応えることができます。神様を賛美すること、日常生活を感謝すること、信仰の証しをすること、伝道のために祈ること、他の人を助けて、神の平和と義とが世になるように祈り求めることができます。神の国のためにいろいろなことができます。神と人々のために祈りによって何だってできます。神様はきっと最上のことをしてくださっているに違いないと信じて、リハビリに励むこともできるでしょう。神の御手の中の粘土であることに、人生に対する私たちの謙遜と勇気の源があることを信じて、希望のうちに前進しましょう。

エレミヤ書二〇章7－13節

エレミヤの嘆き

主よ、あなたがわたしを惑わし
わたしは惑わされて
　あなたに捕らえられました。
あなたの勝ちです。
わたしは一日中、笑い者にされ
人が皆、わたしを嘲ります。
わたしが語ろうとすれば、それは嘆きとなり
「不法だ、暴力だ」と叫ばずにはいられません。
主の言葉のゆえに、わたしは一日中
恥とそしりを受けねばなりません。
主の名を口にすまい
もうその名によって語るまい、と思っても
主の言葉は、わたしの心の中

骨の中に閉じ込められて
火のように燃え上がります。
押さえつけておこうとして
わたしは疲れ果てました。
わたしの負けです。

わたしには聞こえています
多くの人の非難が。
「恐怖が四方から迫る」と彼らは言う。
「共に彼を弾劾しよう」と。
わたしの味方だった者も皆
わたしがつまずくのを待ち構えている。
「彼は惑わされて
我々は勝つことができる。
彼に復讐してやろう」と。

しかし主は、恐るべき勇士として
わたしと共にいます。

それゆえ、わたしを迫害する者はつまずき
勝つことを得ず、成功することなく
　甚だしく辱めを受ける。
それは忘れられることのない
　とこしえの恥辱である。
万軍の主よ
正義をもって人のはらわたと心を究め
　見抜かれる方よ。
わたしに見させてください
あなたが彼らに復讐されるのを。
わたしの訴えをあなたに打ち明け
お任せします。

主に向かって歌い、主を賛美せよ。
主は貧しい人の魂を
　悪事を謀る者の手から助け出される。

信仰の人生は信仰による喜びの人生ですが、ときには試練を受け、嘆きの中に置かれることもあります。今朝の聖書箇所は「エレミヤの告白録」と言われる文書の一節で、エレミヤの嘆きが記されています。エレミヤはこの文章を書記に記させ、あるとき公にしました。その内容は詩編にもある「個人の嘆きの歌」と酷似しており、ヨブ記の嘆きの文章にも類似しています。しかしエレミヤの嘆きには、実在のこの預言者の現実の人生がありました。今朝は、預言者が何を嘆き、またどのようにその嘆きから救い出されたか、御言葉に聞きたいと思います。私たちにもそれぞれ嘆くことがあるでしょう。ですから、エレミヤの嘆きを他人事にしないで、私たち自身の嘆きの経験と重ねて御言葉に聞き、信仰の人生を学びたいと思います。

エレミヤの嘆きは、彼の人生の外から偶然襲ってきたものではありませんでした。本当の嘆きがいつでもそうであるように、彼自身の生き方に深く根差したものでした。エレミヤは言うまでもなく、神の御言葉を託された預言者です。預言者として召され、その使命を果たしています。その彼自身の召命に彼の嘆きは深く結びついていました。冒頭に言われます。「主よ、あなたがわたしを惑わし／わたしは惑わされて／あなたに捕らえられました。あなたの勝ちです。わたしは一日中、笑い者にされ／人が皆、わたしを嘲《あざけ》ります」。皆さんの中に自分が信仰者であるゆえに、笑い者にされた経験をお持ちの方がおられるでしょうか。その方はエレミヤの嘆きが分かるでしょう。エレミヤの嘆きは神に捕らえられた結果だったのです。

エレミヤはそれでも召された召しに忠実であろうとしました。彼が預言したのは、自分の言いたいことを言ったわけではありません。彼は、神の言葉を語る以外になかったのです。自分の考えを語るのは、預言者の言葉ではないでしょう。預言者は自分では語りたくないことも語らなければなりません。そのため笑い者にされ、嘲りを受け、迫害を受けたのです。「主の言葉のゆえに、わたしは一日中／恥とそしりを受けねばなりません」（8節）と記しています。

エレミヤの嘆きの背景に何があったのかは、かなり明白です。エレミヤは神の言葉として、迫りくる禍《わざわい》を預言しました。事態を甘く考えていたその時代の祭司たちや偽預言者たちと違って、彼は禍の到来を語り、信仰への真実な立ち帰りを促しました。しかし人々は、エレミヤが語る言葉に堪えられませんでした。そこでエレミヤに向かって、笑い、嘲り、憎しみをぶつけ、そして迫害しました。エレミヤの親族や友人たちもその中にいました。「わたしの味方だった者も皆、わたしがつまずくのを待ち構えている」（10節）と、今朝の箇所でもエレミヤは語っています。

実際、その頃、エレミヤの預言とよく似た内容の預言をしたウリヤという預言者がいました。人々の迫害を恐れ、彼はエジプトに逃亡してしまいます。しかし無理やり連れ戻され、ユダの王ヨヤキムの前に引き出され、殺害されています。その出来事はエレミヤ書二六章に記されています。エレミヤも同様の危険な状態にあったのです。時代はおそらく紀元前六〇〇年頃のことです。今朝の御言葉の直前に、主の神殿の最高監督者であった祭司パシュフルのことが記されています。彼はエレミヤの預言にひどく腹を立てました。「パシュフルは預言者エレミヤを打たせ、主の家の上のベニヤミン門に拘留した」とあります。翌日、パシュフルがエレミヤの拘留を解いたとき、エレミヤは彼に言いました。「主はお前の名をパシュフルではなく、『恐怖が四方から迫る』と呼ばれる」。「恐怖が四方から迫る」(magor-missabib) は、エレミヤ自身が禍の言葉として語った言葉です。すると人々はそれを口真似し、「恐怖が四方から迫る」(10節)と言って、エレミヤをからかい、嘲笑しました。からかいの言葉には、毒が含まれ、憎しみが込められています。エレミヤはそうした迫害を何度も受けて、その経験の果てに、今朝の嘆きの告白を文章として公表したと思われます。パシュフルの事件より、もう少し後、偽預言者ハナンヤが死んだ後ではなかったか、そうであれば時は紀元前五九四年の夏の終わりに当たる。そういう詳細な説を語る研究者もいます。

エレミヤの嘆きの理由は預言者としての誠実な働きのゆえに、人々の迫害に遭ったことです。それなら預言者であることをやめればよいと言うでしょうか。そう言う人がいたら、その人は信仰のことがよく分かっていないと言わなければならないでしょう。預言者をやめればよい、神の言葉を語らなければよい、周囲の調子に合わせればよい。しかしそれができますか。信仰者をやめることは、自分を止めることでしょう。自分でない人間として生きることでしょう。しかし、それはできないことです。エレミヤにはできませんでした。「主の名を口にすまい/もうその名によって語るまい、と思っても/主の言葉は、わたしの心の中/骨の中に閉じ込められて火のように燃え上がります。押さえつけておこうとして/わたしは疲れ果てました」（9節）。嘆きの中でエレミヤは自分の負け、神の勝ちだと言いました。自分が負け、神の勝ちということは、嘆きの中でなお神の召しに生きることをやめられない、自分は預言者であることをやめられないということです。わたしたちも、キリスト者であり、信仰者であることをやめることはできません。御自分の命を私たちのために投げ捨ててくださった主イエス・キリストのものとされました。この恵みを離れて、信仰を捨てることはできません。戦時中、信仰のゆえに獄中に捕らえられたホーリネス教会の牧師たちやその家族の嘆きがありました。他の教派の牧師たちも迫害の中を嘆きの時として過ごしたのです。迫害の時に嘆きの時を過ごしたのは、それ以外に過ごしようのないことでした。「キリスト者として苦しみを受けるのなら、決して恥じてはなりません」（Iペト四16）と聖書に記されています。主イエスは私たちのために十字架の辱めを負われ、それを恥となさらなかったのです。

ですから、残された活路は一つしかありません。それは嘆きを神に向かって告白することです。余すところなく神に打ち明けることです。エレミヤはそうしました。神の前に嘆く。私たちにもそれしかないでしょう。神の前に余すところなく全面的に打ち明けて嘆く、そういう仕方で神への信頼に生きることです。

この嘆きが11節で突如、変化しています。「エレミヤの嘆き」は、突然の変化を遂げ、11節から13節で勝利を確信した力強い信仰の言葉に変えられています。驚くべき変化が起きたと言われ、どうしてこの変化が起きたのかと問われます。嘆きが感謝と一つになり、賛美に変わりました。変化は11節の「しかし主は」から始まっています。「しかし主は、……わたしと共に」と言うのです。主は私と共に、恐るべき勇士としておられます。エレミヤは嘆きの中で、主なる神、ヤハウェの臨在を体験したのです。主なる神の臨在を体験することは、主である神がおられ、この私と私の嘆きを御自分のこととして受け止めてくださっていると体験したのです。神への嘆きは祈りです。その嘆きの祈りの中で、神の臨在に撃たれることが起き、嘆く私と共に主がいてくださり、私の嘆きを主が聞いてくださるのを体験しました。

この祈りがどこで祈られていたかが鍵になります。12節に「万軍の主よ」と祈られています。「万軍の主よ／正義をもって人のはらわたと心を究め／見抜かれる方よ」。「万軍の主」「ヤハウエ・ツェバオス」とは、イスラエルの契約祭儀で呼ばれる神の名です。この神の名が呼ばれていることは、エレミヤの嘆きの祈りが、契約の群れの祭儀、礼拝に連なっていることを示しています。具体的にどういう群れの礼拝であったか、誰がエレミヤと共にいたか、それは分かりません。弟子のバルクや、エレミヤを保護したアヒカムの名は知られています。しかしいずれにせよ、預言者エレミヤはその嘆きの中で一人孤独ではなかったのです。いや、孤独であったでしょうが、孤独のままに、それでも契約の祭儀、つまり「わたしはあなた方の神であり、あなたがたはわたしの民である」、そう言われる契約の伝統の礼拝の中にいました。エレミヤの嘆きは、容易に他の人を寄せ付けない深く孤独な嘆きだったと思います。どんな嘆きも、それを苦しんでいるのはほかならないその人であって、ほかの人ではありません。ですから、嘆きは人を孤独にするとも言えるでしょう。しかし、一人孤独な嘆きの預言者を支え、その預言者が歩む道として、契約祭儀の伝統と礼拝共同体が重大な役割を果たしていました。その礼拝に身を置くことがあって、主なる神の臨在を体験しています。預言者はその使命のゆえに一人神の前に立つ信仰者です。しかしエレミヤは、個人主義者ではなく、礼拝者であり、礼拝の群れの中に身を置いて主なる神の臨在の体験に支えられたのです。

ですから13節では、エレミヤは「主に向かって歌い、主を賛美せよ」と他の会衆に呼びかけています。嘆きの祈りが賛美の呼びかけになっています。呼びかけ合う群れの中にいるからです。契約共同体の礼拝は、「一つの部分が苦しめば、すべての部分が共に苦しみ、一つの部分が尊ばれれば、すべての部分が共に喜ぶ」(Iコリ一二26)、信仰の群れの礼拝です。エレミヤの嘆きは賛美せよと呼びかけることのできる群れの中で告白されたのです。嘆きと賛美が一つになって、「主を賛美せよ」と言っています。原語では「ハレルー」と記されています。嘆きのエレミヤは、神が共におられる礼拝にあずかることができました。私の嘆きは聞かれていると言える礼拝を体験したのです。その礼拝の中で嘆きと感謝は一つになったのです。神の臨在の礼拝体験の中で、嘆きが感謝と一つになったとき、「主を賛美せよ」「ハレルヤ」の呼びかけになりました。主なる神が共にいると体験できる礼拝、嘆きと感謝が一つになれる礼拝、ハレルヤと叫ぶ礼拝の生活を、私たちも送り続けようではありませんか。

エレミヤ書二八章1－17節

神の言葉に聞く覚悟

その同じ年、ユダの王ゼデキヤの治世の初め、第四年の五月に、主の神殿において、ギブオン出身の預言者、アズルの子ハナンヤが、祭司とすべての民の前でわたしに言った。

「イスラエルの神、万軍の主はこう言われる。わたしはバビロンの王の軛を打ち砕く。二年のうちに、わたしはバビロンの王ネブカドネツァルがこの場所から奪って行った主の神殿の祭具をすべてこの場所に持ち帰らせる。また、バビロンへ連行されたユダの王、ヨヤキムの子エコンヤおよびバビロンへ行ったユダの捕囚の民をすべて、わたしはこの場所へ連れ帰る、と主は言われる。なぜなら、わたしがバビロンの王の軛を打ち砕くからである」。

そこで、預言者エレミヤは主の神殿に立っていた祭司たちとすべての民の前で、預言者ハナンヤに言った。預言者エレミヤは言った。

「アーメン、どうか主がそのとおりにしてくださるように。どうか主があなたの預言の言葉を実現し、主の神殿の祭具と捕囚の民すべてをバビロンからこの場所に戻してくださるように。だが、わたしがあなたと民すべての耳に告げるこの言葉をよく聞け。あなたやわたしに先立つ昔の預言者たちは、多くの国、強大な王国に対して、戦争や災害や疫病を預言した。平和を預言する者は、その言葉が成就するとき初めて、まことに主が遣わされた預言者であることが分かる」。

するとと預言者ハナンヤは、預言者エレミヤの首から軛をはずして打ち砕いた。そして、ハナンヤは民すべての前で言った。

「主はこう言われる。わたしはこのように、二年のうちに、あらゆる国々の首にはめられているバビロンの王ネブカドネツァルの軛を打ち砕く」。

そこで、預言者エレミヤは立ち去った。

預言者ハナンヤが、預言者エレミヤの首から軛をはずして打ち砕いた後に、主の言葉がエレミヤに臨んだ。

「行って、ハナンヤに言え。主はこう言われる。お前は木の軛を打ち砕いたが、その代わりに、鉄の軛を作った。イスラエルの神、万軍の主はこう言われる。わたしは、これらの国すべての首に鉄の軛をはめて、バビロンの王ネブカドネツァルに仕えさせる。彼らはその奴隷となる。わたしは野の獣まで彼に与えた」。

更に、預言者エレミヤは、預言者ハナンヤに言った。

「ハナンヤよ、よく聞け。主はお前を遣わされていない。お前はこの民を安心させようとしているが、それは偽りだ。それゆえ、主はこう言われる。『わたしはお前を地の面から追い払う』と。お前は今年のうちに死ぬ。主に逆らって語ったからだ」。

預言者ハナンヤは、その年の七月に死んだ。

私たちの信仰生活にとって神の言葉を聞くことは重要なことで、それなしに信仰を生き続けることはできません。週ごとの説教はそのために仕えていますし、それだけでなく、折に触れて聖書を開くことが求められてもいます。しかし神の言葉を聞くことは、どのようにしてなされるのでしょうか。聖書が説き明かされ、それを神の言葉として聞くことも、決して容易なことではないと言わなければならないでしょう。

今朝の聖書箇所には、二人の預言者が、同じ時期、同じ場所で、まったく異なった言葉を神の言葉として語ったと記されています。「神の言葉」対「神の言葉」、二つの神の言葉が対立しているようです。どちらの言葉に神の言葉を聞くべきでしょうか。一方は「救済の預言」を語り、他方は「禍の預言」を語っています。人々は、当然、救済の預言の方に耳を傾けたがったに違いありません。しかしそれは、神の言葉を聞いたことにはならなかったのです。

時代は、聖書の民、古代イスラエルが経験した最大の悲劇、イスラエルの亡国とバビロン捕囚の戦乱の時代でした。バビロン捕囚の事件は、北王国の崩壊後、百五十年間続いた南王国ユダとその都エルサレムが、戦争に破れ、崩壊した事件です。新バビロニア帝国の王ネブカドネツァルが何度もユダを攻撃し、エルサレムを囲み、神殿を破壊し、略奪し、主だった人々をバビロンに捕囚として移住させました。エルサレムは一度ではなく、三度にわたって攻撃され、破壊されたのです。初めの破壊は紀元前五九七年のこと、エルサレム神殿は略奪され、その祭具や宝物が奪われ、王をはじめ、多くの人々が捕囚の憂目に遭いました。それから十年後、紀元前五八七年に決定的な二回目の攻撃と破壊がありました。エルサレムは二年にわたって包囲され、食糧は尽き、人々は飢え、ゼデキア王の軍隊は散り散りに敗走し、王の家族は殺され、王もバビロンに連行されました。さらにその五年後、神殿も王宮もエルサレムの家屋のすべてが焼き払われ、エルサレムを囲む周囲の城壁も取り壊されました。三度にわたるエルサレムの徹底的な破壊は、列王記下二五章に記されています。

今朝の聖書箇所は、最初の攻撃によって神殿が略奪され、主だった人々の捕囚があった四年ほど後のことです。まだエルサレムに残った人々は大勢いました。そこにギブオン出身の預言者ハナンヤが登場し、エルサレム神殿に立ち、祭司とすべての民の前でエレミヤに語ったというのです。ハナンヤはエレミヤとよく似ています。同じように祭司の出身ですし、その出身地ギブオンはエレミヤの出身地アナトトに近く、同じベニヤミン族に属する祭司の町です。

「イスラエルの神、万軍の主はこう言われる」。これは預言者エレミヤとまったく同じ語り方です。しかし、神の言葉として語られた内容はエレミヤとはまったく違っていました。「わたしはバビロンの王の軛《くびき》を打ち砕く。二年のうちに、……主の神殿の祭具をすべてこの場所に持ち帰らせる。また、バビロンへ連行されたユダの王、……およびバビロンへ行ったユダの捕囚の民をすべて、わたしはこの場所へ連れ帰る」。10節を見ますと、ハナンヤはエレミヤの首から軛をはずして打ち砕いたとあります。

エレミヤは自分の首に木製の軛をはめていました。バビロンの王ネブカドネツァルが周囲の国々にこのように軛をはめて、強制的にバビロンに仕えさせると、言葉でなく自分の行動によって預言したのでした。これは預言者の「行為預言」と言われます。これに対し、ハナンヤはその軛をはずして打ち砕きました。その確信に満ちた行動と力強さ、そして二年のうちにすべてはもとに戻されるという明るい言葉は、人々に圧倒的な印象を与えたでしょう。「主はこう言われる。わたしはこのように、二年のうちに、あらゆる国々の首にはめられているバビロンの王ネブカドネツァルの軛を打ち砕く」。預言者エレミヤは静かに立ち去るほかありませんでした。

預言者ハナンヤは神の言葉を正しく語ったのでしょうか。人々はその危機の中で聞くべき神の言葉を聞いたのでしょうか。「二年のうちに」と彼が言ったのは、どういう根拠からの言葉だったのでしょうか。エレミヤが再度ハナンヤの前に現れたとき、ハナンヤに言いました。「お前はこの民を安心させようとしているが、それは偽りだ」。「二年のうちに」というのは、人々が聞きたがっていた言葉を神の言葉と偽って語った幻想の言葉でした。幻想で真の救済を伝えることはできません。バビロン王の軛を打ち砕くと言ったのも、ハナンヤの愛国心、あるいは民族主義から出た言葉であって、神の言葉ではありませんでした。主の神殿の祭具をすべてこの場所に持ち帰らせるというのも、祭司であったハナンヤ自身の神殿とその祭具に対する執着心から出た言葉で、神の言葉ではなかったのです。ハナンヤの言葉から、彼が相当の確信を持って語り、そして行動していることは分かります。しかしそこにあるのは、露骨な愛国心や民族主義、そして「この場所から、この場所に、この場所へ」と三度にわたって表明されているこの場所への執着です。つまり、神殿への執着があり、偽りの安心を聞きたがった民衆へのおもねりがありました。彼にとって、神は第一ではなく、まして唯一ではなかったのです。

このことはまた人々に、神の言葉を聞くとはどういうことかを問い、御言葉を聞く者の覚悟を求めていると言うべきでしょう。ハナンヤを生んだ現象には、ほかならぬ、偽りでもいいから安心を与える言葉を求めた民衆にも責任があったと思われます。

エレミヤはハナンヤの前から一度は退きました。しかし、神は退きません。預言者ハナンヤが、エレミヤの首から木の軛をはずして打ち砕いた後に、主の言葉がエレミヤに臨みました。「行って、ハナンヤに言え。主はこう言われる。お前は木の軛を打ち砕いたが、その代わりに、鉄の軛を作った」と。そう語りながらエレミヤは木の軛でなく鉄の軛をはめて登場したかもしれません。そのことは記されてはいませんが、十分あり得たと思われます。そして、「イスラエルの神、万軍の主はこう言われる」と言いました。「これらの国すべての首に鉄の軛をはめて、バビロンの王ネブカドネツァルに仕えさせる。彼らはその奴隷となる。わたしは野の獣まで彼に与えた」。

聖書における御言葉を語る者の覚悟は、自分の言いたいことを語るのではないということです。言いたくなくても、それが真実に神の言葉であれば、そう信じるほかなければ、真の預言者は語ります。神が第一です。いなむしろ、神が唯一です。愛国心が第一でもなければ、それは第二、第三として神に並ぶこともできません。自分の願いも執着も神に並べることはできません。神のみが並ぶものなく唯一であって、第一です。エレミヤは「これらの国すべての首に鉄の軛をはめて、バビロンの王ネブカドネツァルに仕えさせる」と告げました。神はバビロンの王ネブカドネツァルを「わたしの僕」(二七6)とも呼びます。神は唯一の神であって、イスラエルの敵の主でもあって、世界歴史を統治される神として御自身を示されました。

神の言葉を聞く者の覚悟は、唯一の神の言葉を聞く覚悟でしょう。自分の願いも愛国心も、神殿への執着も、さらには敵に対する恨みや反抗心も、人々に気に入られることも、少なくとも一旦は断ち切って、神の言葉を聞く覚悟が求められます。それが御言葉であれば、木の軛も、鉄の軛も負うということでしょう。神の言葉を聞く者の覚悟は、唯一の神としての主なる神を信頼し、その御意志に聞き従う決意です。神の言葉とは、その言葉を聞く中で、神に出会う言葉です。神の言葉は神御自身と言ってもよいでしょう。愛国心は神ではなく、人々の好みも神ではありません。「二年の内に」と言いたくとも言わないのです。自分の願いが神の言葉ではないからです。そうでなく神を信じ、鉄の軛を告げる言葉が神の言葉であれば、そこでしか神に出会うことはできません。

自分の願いを神とせず、自分の意にそぐわない木の軛、鉄の軛を負うことによって神の御計画を信じて、前進していくことができます。主イエスが十字架を負って歩まれた道は、そういう神の御計画の道であったと言うべきでしょう。鉄の軛を負わされることは、真の救いがないことではありません。

最近、ある教会の創立七十周年記念の会に呼ばれました。渡辺善太先生が校長をしていた日本女子神学校で学んだ一人の婦人教職が戦後開拓伝道をして起こした教会です。その婦人牧師は十年くらい前に亡くなられましたが、晩年の数年間、私は月一度の説教と聖餐式の奉仕によってその婦人牧師を応援しました。その関係で、創立記念会に出席を求められました。その教会出身の一人の牧師の祝辞がありました。開拓伝道の初めの頃に育てられた方で、初めて礼拝に出席した日、牧師に挨拶したら、どういうわけか「それでは来週洗礼式をしましょう」と言われたのだそうです。随分強引だなと思いながらも、次の週、洗礼を受けたと言います。その洗礼式を写した写真も教会に残されていて、紹介されました。その方がその後、献身し、今年隠退するまで伝道者として働いてきたというのです。そして神様は強引なお方ですが、その強引さの中に恵みがあって、自分は生かされ、用いられてきたという話でした。

神の言葉に聞く覚悟は、御言葉を聞いたらそれに従う覚悟でもあります。誰に聞くより確かで、愛国心や自分の願いに優って、自分にある何か別のものへの執着にもまさって、確かな救いに導きます。神の言葉に聞く覚悟は、その御言葉の中で神と出会う覚悟です。聖書を通して届けられる神の言葉に覚悟をもって聞き続けたいと願います。

エレミヤ書二九章1－14節

異郷に生きる神の民

以下に記すのは、ネブカドネツァルがエルサレムからバビロンへ捕囚として連れて行った長老、祭司、預言者たち、および民のすべてに、預言者エレミヤがエルサレムから書き送った手紙の文面である。それは、エコンヤ王、太后、宦官、ユダとエルサレムの高官、工匠と鍛冶とがエルサレムを去った後のことである。この手紙は、ユダの王ゼデキヤが、バビロンの王ネブカドネツァルのもとに派遣したシャファンの子エルアサとヒルキヤの子ゲマルヤに託された。

「イスラエルの神、万軍の主はこう言われる。わたしは、エルサレムからバビロンへ捕囚として送ったすべての者に告げる。家を建てて住み、園に果樹を植えてその実を食べなさい。妻をめとり、息子、娘をもうけ、息子には嫁をとり、娘は嫁がせて、息子、娘を産ませるように。そちらで人口を増やし、減らしてはならない。わたしが、あなたたちを捕囚として送った町の平安を求め、その町のために主に祈りなさい。その町の平安があってこそ、あなたたちにも平安があるのだから。

イスラエルの神、万軍の主はこう言われる。あなたたちのところにいる預言者や占い師たちにだまされてはならない。彼らの見た夢に従ってはならない。彼らは、わたしの名を使って偽りの預言をしているからである。わたしは、彼らを遣わしてはいない、と主は言われる。
主はこう言われる。バビロンに七十年の時が満ちたなら、わたしはあなたたちを顧みる。わたしは恵みの約束を果たし、あなたたちをこの地に連れ戻す。わたしは、あなたたちのために立てた計画をよく心に留めている、と主は言われる。それは平和の計画であって、災いの計画ではない。将来と希望を与えるものである。そのとき、あなたたちがわたしを呼び、来てわたしに祈り求めるなら、わたしは聞く。わたしを尋ね求めるならば見いだし、心を尽くしてわたしを求めるなら、わたしに出会うであろう、と主は言われる。わたしは捕囚の民を帰らせる。わたしはあなたたちをあらゆる国々の間に、またあらゆる地域に追いやったが、そこから呼び集め、かつてそこから捕囚として追い出した元の場所へ連れ戻す、と主は言われる。……」。

「故郷」という言葉の反対語に「異郷」という言葉があります。教会の歩みについて言いますと、教会は神の国に故郷を持ち、そして地上を旅する群れですから、地上の旅路は故郷を離れた「異郷の旅」であり、試練の中を歩むものです。今朝は、故郷に入る前の異郷に生きる神の民の歩みについて、御言葉から学びたいと思います。

エレミヤ書二九章は、遠く異郷に連れ去られたバビロン捕囚の人々にエレミヤが手紙を渡したことと、その手紙の内容を伝えています。3節を見ますと、「この手紙は、ユダの王ゼデキヤが、バビロンの王ネブカドネツァルのもとに派遣したシャファンの子エルアサとヒルキヤの子ゲマルヤに託された」(3節)と記されています。ユダの王ゼデキヤは、ヨヤキム王が若くして死に、その後を継いだヨヤキンがバビロンに連行された後、ユダ王国の最後の王になりました。その彼が高官の使者二人をネブカドネツァルのもとに遣わさなければなりませんでした。それはおそらく、その直前に起きた反乱について釈明をしなければならなかったからです。紀元前五九八年、長老、祭司、預言者たち、それに王と太后、工匠と鍛冶などがバビロンに連れ去られました。その四年後、バビロニア帝国に対する反乱が起きたのです。それはユダだけでなく、バビロニア帝国に隷属を強いられた周辺諸国の使者たちがエルサレムに集まり(エレ二七3)、共同謀議をした反乱であり、その時代の国際的な一大事件でした。エルサレムにも、またバビロンに捕囚された人々の間にも、反乱を扇動する人物が出現し、反乱に誘われた人々がいたようです。あの二年のうちに、奪われた神殿の祭具も捕囚の民もこの場所に戻って来ると預言した預言者ハナンヤも、反乱の扇動家の一人であったかもしれません。そうだとすれば、彼の楽天的な預言の背後には、武装蜂起を促す政治的な意図が働いていたとも言うべきでしょう。しかしその反乱は失敗に終わり、鎮圧されました。ネブカドネツァルによって首謀者たちは処刑され、ユダの王ゼデキヤは改めて忠誠の証しを立てるために、二人の特使を派遣しなければなりませんでした。エレミヤはその二人の高位の特使と交流を持っていたようです。捕囚の民全員に宛てた手紙を彼らに託してバビロンに送りました。故郷を離れ、もはやエルサレム神殿での礼拝をすることができない異郷にある人々に対し、エレミヤは神の言葉を伝えました。その内容は、現代の世界を異郷として旅する教会にとって、聞くべき神の言葉を含んでいます。

　エレミヤが伝えた神の言葉はこうです。「家を建てて住み、園に果樹を植えてその実を食べなさい。妻をめとり、息子、娘をもうけ、息子には嫁をとり、娘は嫁がせて、息子、娘を産ませるように。そちらで人口を増やし、減らしてはならない」（5－6節）。建てて、植えて、結婚せよと言うのです。それは「異郷にあって生きよ」ということでしょう。創世記一章に「産めよ、増えよ」という言葉が神の創造の業に伴う祝福の言葉として伝えられています。エレミヤは囚われの身で異郷にある人々に、反乱でなく、また反乱が潰《つい》えた後、絶望によって身を滅ぼすのでなく、生きよ、しかも積極的に生きよ、という神の言葉を伝え、異郷にあって生きる者に対する神の祝福の言葉を伝えました。私たち教会もまた、なお故郷を離れた異郷にあり、信仰生活が試練にもなり、また時には妨害を被る環境の中にあって、生きよと勧められ、命じられていると理解すべきではないでしょうか。しかも、そそくさと爪先立ちに通り過ぎて行く生き方でなく、腰を落ち着け、家を建て、果樹を植え、それを食し、そして家庭を築き、息子、娘を育てる仕方で生きるように、人口を減らさず、増やしながら生きよ、と言われます。それは異郷に生きる神の民への神の恵みの言葉であり、祝福の言葉です。神からのエールと言ってもよいでしょう。異郷にある教会の歩みはこれで決まってきます。

そのとき同時に言われるのが、「祈りなさい」という主の求めです。7節には「わたしが、あなたたちを捕囚として送った町の平安を求め、その町のために主に祈りなさい」。12節にはりますと「そのとき、あなたたちがわたしを呼び、来てわたしに祈り求めるなら、わたしは聞く」とあります。「わたしを尋ね求めるならば見いだし、心を尽くしてわたしを求めるなら、わたしに出会うであろう、と主は言われる」(13－14節)。異郷にあって生きるとは、家を建て、果樹を植え、食するだけでなく、祈れ、主を呼び、尋ね、求めよ、主と出会え、と言うのです。異郷では主にお会いできないのではありません。神は自ら異郷に赴いてくださる神です。異郷の地での祈りと礼拝の中でお会いできる神です。

バビロン捕囚の人々は、エルサレム神殿から遠く離れて、信仰生活、特に礼拝の生活を営むことはもはやできないと思ったかもしれません。古代の帝国が周辺諸国を滅ぼした際、その国々の人々を他国に連れ去ったのは、その人々を宗教と民族の絆から引き裂いて、アイデンティティを破壊し、彼らの抵抗力を削ぐためでした。神殿から引き離され、祭りから引き離されたら、民衆の宗教生活はできなくなります。しかし、エレミヤが伝えた神の言葉はそうではありませんでした。エルサレムを離れ、神殿から引き離され、異郷の地にあっても、なお主を呼び、求め、祈り、尋ね、そして主に出会う。祈りと礼拝の生活が異郷にあってなお根本的に可能だと言うのです。

その祈りと願いの中には「とりなし」が含まれています。捕囚の民として過ごすその町の平安を求め、その町のために主に祈りなさい、と言います。その町は、彼らにとっては敵対する相手側です。しかし、敵対するその町のために主に祈りなさい。とりなしの祈りをしなさいと言ったのです。ある解釈者は記していますが、旧約聖書で敵対する人々のため、また不信仰者のためのとりなしの祈りが勧められているのは、この箇所が唯一であると。山上の説教で主イエスは言われました。「敵を愛し、自分を迫害する者のために祈りなさい。あなたがたの天の父の子となるためである。父は悪人にも善人にも太陽を昇らせ、正しい者にも正しくない者にも雨を降らせてくださるからだ」（マタ五44）。エレミヤに与えられた神の言葉は7節にあるとおりです。「わたしが、あなたたちを捕囚として送った町の平安を求め、その町のために主に祈りなさい。その町の平安があってこそ、あなたたちにも平安があるのだから」。異郷に生きる神の民は、その異郷の町のためにとりなしの祈りをなすべきです。神がその町にその民を送ったのだからというのです。教会はこの祈りをしなければならないでしょう。私たちが送られた地域、この町、この国、この社会、この時代のためにとりなすこと、ここに平安があるように、神の賜る平和、シャロームがあるようにと祈る。それが異郷に生きる教会の祈りです。この町、この社会、この国は、神の国ではありません。神の国から遠い異郷です。しかしだからこそ、この国、この社会のためにとりなして祈る、そのために神は教会を送っておられます。

そして「七十年先を見る」という主の言葉が加えられています。反乱を扇動したハナンヤは「二年のうちに」と言いました。エレミヤが伝える神の言葉は「バビロンに七十年の時が満ちたなら、わたしはあなたたちを顧みる。わたしは恵みの約束を果たし、あなたたちをこの地に連れ戻す」(10節)でした。「七十年」は長い時です。完全数とも言われます。そのまま受け取っても、今生きている人はもういない先のことです。聖書が語る希望を持って生きるというのはそういうことです。「将来と希望」とあるように、将来は「希望にあふれた将来」であり、希望は「将来を切り開き、将来を満たす希望」です。「二年のうちに」というのは聖書的な希望ではありません。「二年のうちに」どうにかなるというその本心は、自分たちでどうにかするということでしょう。自分が主人であり、自分たちの力に物言わせようとする生き方です。それは反乱を起こす精神を秘かに抱えています。しかし「七十年先に起きる」というのは、自分の力に物言わせる生き方ではありません。そうでなく、七十年先を見るのは、神の御計画があることに信頼することです。「二年のうちに」と「七十年先」の違いは、神の御計画を知っているか、それに信頼し、それに基づいて生きているかということです。

日本社会の中で礼拝しつつこの御言葉を受け取りますと、神は私たちに、この異郷の地に生きよ、と言われ、建て、植え、食し、家庭を築き、増えよ、と言われているのではないでしょうか。そして祈れ、主を呼び、求めよ、礼拝と祈りに徹して生きよ、その中でこの異郷の町、その人々のために平和を祈り求めよ、と言われます。私たちの祈りの中に、この国、この社会のために平和を祈る祈りが欠けないようにしなければならないでしょう。そして神の御計画を信じて、将来と希望を委ねて、確信を持つことです。「わたしは、あなたたちのために立てた計画をよく心に留めている」（11節）と主は言われます。神が私たちのために立ててくださっている計画があります。七十年先を見る希望は、神のその御計画に信頼し、今を生きます。そして祈り、とりなし、神と出会う信仰生活に喜びを見出し、前進していくことができます。

エレミヤ書三〇章18－22節

廃虚の丘の上の再建

主はこう言われる。
見よ、わたしはヤコブの天幕の繁栄を回復し
その住む所を憐れむ。
都は廃虚の丘の上に建てられ
城郭はあるべき姿に再建される。
そこから感謝の歌と
楽を奏する者の音が聞こえる。
わたしが彼らを増やす。数が減ることはない。
わたしが彼らに栄光を与え、侮られることはない。
ヤコブの子らは、昔のようになり
その集いは、わたしの前に固く立てられる。
彼らを苦しめるものにわたしは報いる。
ひとりの指導者が彼らの間から

治める者が彼らの中から出る。
わたしが彼を近づけるので
彼はわたしのもとに来る。
彼のほか、誰が命をかけて
　わたしに近づくであろうか、と主は言われる。
こうして、あなたたちはわたしの民となり
わたしはあなたたちの神となる。

　預言者エレミヤは「禍の預言者」と言われます。イスラエルの民の不信仰を糾弾し、その不信仰の罪の結果として、北からの脅威とユダ王国や都エルサレムの壊滅を「神の審判」として預言したからです。しかし、エレミヤは神からの「救い」をまったく語らなかったわけではありません。エレミヤ書三〇章は、バビロン捕囚後の「救済の預言」を伝え、続く三一章では「新しい契約」の預言を語っています。三〇章に語られた「救済預言」は四つに区分される一連の預言ですが、今朝の箇所は、18節以下の第四区分で、ここには特に注意を向けるべき救済預言が語られています。「主はこう言われる。見よ、わたしはヤコブの天幕の繁栄を回復し／その住む所を憐れむ」とあります。イスラエルの運命の転換が預言され、神がその民をどう再建するかを語っています。エレミヤの救済預言は、神による再建の預言でした。

ここに「都は廃虚の丘の上に建てられ／城郭はあるべき姿に再建される」と語られています。イスラエルの運命の転換がもたらされるとき、都は「廃虚の丘」の上に「再建される」とあるのは注意を引きます。町の再建が「廃虚の丘」の上に遂行されるとはどういうことでしょうか。およそあらゆる再建は廃虚の上に遂行されると言えるかもしれません。日本も七十三年前、廃虚と化した焼け跡から再建されたと言えるでしょう。私は子供の頃まだ残っていた東京の「焼け野原」を思い起こしますと、一面何もない焼け跡で、その向こうに富士山が見えました。東京の廃虚は、ほとんど何もない状態でした。しかし、エルサレムや中東の廃虚はそうではありません。何もない状態に戻すことがまずできないのです。廃虚の残骸が層をなします。それで再建は廃虚の「丘」の上になされなければなりませんでした。今年、西日本の豪雨の被災地で、被災したその上にさらに台風を迎えたとき、被災者の方がもう一度土砂災害に見舞われたら絶望だと語っていたのが印象的でした。先の土砂の片付けができていないのです。再建するには、取り除くべきものをまず取り除き、廃虚を片付けなければなりません。白紙の状態やゼロからの再建でなく、そこに戻すまでが一苦労な、マイナスからの再建です。その再建は神のイニシャティブがあってなされ、神の憐れみの導きによる再建であるとエレミヤは語りました。

二十世紀の代表的な福音派の説教者がこの箇所について、エレミヤの言う廃虚の丘の上での再建は「魂の再建」であると語っています。イスラエルの再建は都市の再建でしたが、確かにそれだけではありませんでした。それは同時に「魂の再建」でなければならなかったのです。敗戦後の日本も、国や都市の再建だけでなく、根本的には魂の再建が必要だったのではないでしょうか。崩壊の真の原因は、魂にあったと言わなければならないからです。そして魂の再建は、都市の再建より一層、長い時間と深刻な困難を抱えています。犯した失敗や敗北の原因は深く魂に根差しており、無謀な戦争のあげくの敗戦は、魂の敗北でした。そこからの再建が「廃虚の丘の上」に遂行されるとき、廃虚はただの廃虚ではありません。それは生々しい精神の敗北と欠陥、罪とその傷跡を意味しています。廃虚の残骸処理は、道徳的欠陥や精神的歪みの処理でもあるのです。

そもそも神と仰ぐお方が違っていたのです。その精神の瓦礫や残骸を取り除くのでなければ、真の神を真に神とする魂の再建は不可能で、道徳の再生も不可能でしょう。そのためにはまず、罪が処理されなくてはなりません。取り除くべきものが取り除かれ、その上で精神の住まい、信仰、新しい道徳、新しい価値観が再建されなければならないでしょう。

そうした魂の再建が果たして人間に可能でしょうか。祈りの家を再建し、価値観を正し、信仰の祭壇を再建するのは、まさに「霊的な作業」であって、私たち自身の人間力の範囲を越えています。神の憐れみがなければ、そして神が赦しをもって働いてくださらなければ、精神の深みからの再生は不可能でしょう。神が生き返らせてくださるのでなければ、本当の意味での魂の再建は不可能です。

この再建が果たされたとき、「感謝の歌と楽を奏する者の音が聞こえる」とエレミヤは預言しました。そして「ヤコブの子らは、昔のようになり／その集いは、わたしの前に固く立てられる」と言いました。感謝の歌と楽を奏する集い、礼拝共同体の再建が語られているわけです。エレミヤの「救済預言」は、都の再建であると共に、精神の廃虚の上に再び建て直される礼拝の再建であり、礼拝共同体の再建だったのです。それによって初めてイスラエルの民の再建は成り立ちます。そのとき22節の言葉が語られます。「こうして、あなたたちはわたしの民となり／わたしはあなたたちの神となる」。神とイスラエルの契約締結の言葉です。エレミヤの救済預言は、神との契約の回復の預言でした。私たちが神の民となり、神が私たちの神となる。この契約の回復は、神との平和の成就であり、それが魂の再建になって、救済を意味するわけです。神はその憐れみをもって、町を再建し、民の心を再建してくださいます。

この再建を神がどのように進めてくださるか、ここに徹底した預言が語られています。それがこの箇所のメッセージです。それは神がしてくださるのですが、どのようにしてくださるかです。神は一人の「指導者」をイスラエルの民の間から起こすと言われます。その「治める者」が彼らの中から出る。「指導者」と言い、「治める者」と言うのですから、王のことを言っているでしょう。しかし、エレミヤは「王」という言葉を使いません。三〇章の救済預言の第一区分では、「ダビデのような王」を預言していました。しかしこの第四区分では、「ダビデのような王」を語りません。廃虚の瓦礫や残骸を本当に片付けることのできる方、そして町と魂を廃虚の丘の上に再建し、賛美と楽の音の礼拝の集いを再建できる方、その方は確かに神が民の中から起こす指導者、治める者ですが、神はその者を、「御自分に近づける」と言います。そして「彼はわたしのもとに来る」とも言われます。「神のもとに来る」というのは「王」よりも「祭司」を意味するでしょう。エレミヤはこの救済預言の中で、いまやただの王でなく、礼拝共同体としての民を治める者でありつつ、神に近づく祭司、しかも「命をかけて神に近づく祭司」、その王的な祭司を神御自身が立ててくださると預言しました。つまり、神が「仲保者」を立ててくださるというのです。王的祭司である仲保者です。その方が民から出て、命をかけて神に近づき、民のために命がけのとりなしをすると言います。この仲保者の命がけのとりなしに、廃虚の上の再建はかかっています。「彼のほか、誰が命をかけて／わたしに近づくであろうか、と主は言われる」（21節）とあります。「命をかけて」は、「命の危険を冒して」、あるいは「魂を賭して」とも訳せます。どう訳すにしてもこの「アレブ・エース・リボー」という言葉は、旧約聖書でただここだけに出てくる言葉です。エレミヤは神がこのような仲保者を立ててくださると預言しました。そうでなければ、廃虚の丘の上に町を、そして町と共に魂を再建し、神との契約を回復することはできません。それは命を賭けて神に近づく者のみが果たし得ることです。彼のみが自分自身を捧げ、身を賭してなす、そういう仲保者がいなければならないと言うのです。

エレミヤの救済預言は、この「仲保者」にかかっています。エレミヤが預言した仲保者に身近なのは、第二イザヤの「苦難の僕」でしょう。その打たれた傷によってわれらは癒されたと言われます。同じく詩編一〇六編の詩人は、モーセをそうした仲保者として描き、「主のお選びになったモーセは、破れ口で主のみ前に立ち、み怒りを引きかえして、滅びを免れさせた」(詩一〇六23〔口語訳〕)と歌いました。「破れ口」とは敵の攻撃によって城壁が崩されたとき、一度にどっと敵の軍勢が押し寄せてくる決壊箇所のことを言います。そこに立つのはどんな勇士も尻込みすると言われます。そこに立って命を賭す、それが神の御前に立つ仲保者の姿です。「彼のほか、誰が命をかけてわたしに近づくであろうか、と主は言われる」。エレミヤが救済を託して預言した仲保者、そして第二イザヤが「苦難の僕」に見た犠牲の贖い、そして詩編の詩人がモーセの中に見た仲保者の至難の働き、それらは結局、主イエス・キリストの仲保の業を指さしていると言うべきでしょう。主イエスは神の立てた真の祭司として、御自分の命をささげて、ただ一度、しかも永遠に効力を発揮する十字架の贖いとなし、仲保者の業をなさいました。エレミヤの救済預言は主イエス・キリストによって成就した仲保者の業を指していると理解されます。主イエス・キリストの命を賭けたとりなしが、私たち自身の廃虚の丘の上に私たちの魂を再建し、賛美と楽の音の礼拝の集いを再建し、神との契約の回復を果たしてくれたのです。

エレミヤ書三一章31－34節

新しい神関係

見よ、わたしがイスラエルの家、ユダの家と新しい契約を結ぶ日が来る、と主は言われる。この契約は、かつてわたしが彼らの先祖の手を取ってエジプトの地から導き出したときに結んだものではない。わたしが彼らの主人であったにもかかわらず、彼らはこの契約を破った、と主は言われる。しかし、来るべき日に、わたしがイスラエルの家と結ぶ契約はこれである、と主は言われる。すなわち、わたしの律法を彼らの胸の中に授け、彼らの心にそれを記す。わたしは彼らの神となり、彼らはわたしの民となる。そのとき、人々は隣人どうし、兄弟どうし、「主を知れ」と言って教えることはない。彼らはすべて、小さい者も大きい者もわたしを知るからである、と主は言われる。わたしは彼らの悪を赦し、再び彼らの罪に心を留めることはない。

本日はペンテコステの礼拝です。ペンテコステ（五旬祭）は過越祭の安息日の翌日から数えて五十日目にあたる小麦の刈り入れの祭りです。その日がまた、出エジプトの解放の出来事から五十日目にシナイ山で律法を授けられた記念の日とされました。この五旬祭は、キリスト教会にとっては十字架につけられた主イエス・キリストが復活して五十日目に当たり、復活の主の霊を注がれた神の民が新しい神関係に生き始めた日です。かつての律法によるシナイ契約に代わって、聖霊による新しい契約、新しい神関係に生きることが開始されました。それで今朝は、エレミヤ書の「新しい契約」の預言の箇所から御言葉を聞きたいと願ったわけです。

この箇所をペンテコステの礼拝の聖書箇所として読むのは、通例ではありません。しかしエレミヤの「新しい契約」の預言には、「彼らは小さい者も大きい者もわたしを知る」と預言されました。このことはキリストを死者の中から復活させた神の霊が、人々に注がれたというペンテコステと関連しています。聖書の研究者の中にもそのことを指摘する人々はいます。エレミヤ書のこの箇所から聖霊の注ぎを受けた新しい契約の生活を学びたいと思います。

エレミヤが「新しい契約」の日を預言したのは、イスラエルの暗い日々の中にあってのことでした。「見よ、わたしがイスラエルの家、ユダの家と新しい契約を結ぶ日が来る、と主は言われる」（31節）と、エレミヤは預言しました。北王国イスラエルはすでに滅び、イスラエル十二部族のうち十部族は歴史から姿を消していました。そして今や、南のユダ王国も滅亡の危機に瀕しています。それがエレミヤにとっては、神との契約関係を破ったイスラエルのみじめな現実でした。「わたしが彼らの主人であったにもかかわらず、彼らはこの契約を破った」からと言われています。神との契約を破るのは、神関係を破壊することです。神を拒絶することでもあります。それは決して生易しいことではありません。神を捨てて、人間はなお生きていると本当の意味で言えるのでしょうか。神を捨てることは、同時に善と悪の真の基準も失うことでしょう。その人々にとって神がいないのであれば、誰も皆、勝手に生きるしかないのではないでしょうか。どんな法があっても、社会の一応の約束事はともかくとして、心底、揺るぎのない確かな基盤があるとは言えなくなるでしょう。善と悪、あるいは正しいことと邪《よこしま》なこと、倫理・道徳の最終的基盤も、生きるべきか、死ぬべきかの根拠もなくして、人生とこの世界をどう生きるのでしょうか。そもそも生きる意味があるのでしょうか。人命の尊さも本当の根拠をなくすほかはないのではないでしょうか。現代人は一般に神を嘲笑っていますから、結局、どう生きてよいか分からなくなっているわけです。神を捨てて、あるいは神の代わりに他のものに執着して、金銭的な価値、民族的な価値、国家的な虚妄の犠牲になっていないでしょうか。そこから真実の神関係にどう戻ったらよいのでしょう。エレミヤにはそれは不可能に思われました。

過去には律法による神関係がありました。それを人間が破棄したのは、その契約と律法が不十分だったからではありません。神がその民をエジプトから導き出した様子をエレミヤはこう記しています。「かつてわたしが彼らの先祖の手を取ってエジプトの地から導き出した」。出エジプトの神の救済行為は、神御自身が彼らイスラエルの先祖の「手を取って」導き出したとエレミヤは言います。「手を取って」という言葉は、旧約聖書の出エジプトの出来事の描き方としてこの箇所以外に、どこにも見られない細やかな表現です。それなのに彼らは与えられた契約を破った、とエレミヤは言います。人間にはどうしようもないところがあるものです。根本的なところに不誠実を抱えています。ですから、とてもそのままで過去にあった関係に戻ることはできません。「覆水盆に返らず」です。もしその人になお救いがあるとすれば、それは過去の契約にまさる「新しい神関係」が与えられる以外にないでしょう。そこから人間が新しくされなければなりません。人間は自分で新しい人間にはなれないでしょう。神が「新しい神関係」を与え、そこにその人を入れ、生かしてくださるとき、人は新しく造り変えられます。新しい神関係が新しい人間を造り出すでしょう。その新しい神関係が「来たるべき日」に神から与えられる。そうエレミヤは預言しました。イスラエルの民の再建とその中に生きる一人一人の救いは、そこにかかっています。

「来たるべき日」がいつ来るか、エレミヤには分かりません。しかしその日は来る。その希望によってエレミヤは暗き日々を耐え抜こうとしたのです。彼にはそれ以外にありませんでした。エレミヤはその日の来るのを預言しましたが、イエス・キリストを知りませんでした。「来たるべき日」は、将来の完成の日であり、終わりの日です。そのエレミヤの期待がイエス・キリストによって来たと使徒たちの証言は語りました。

エレミヤはイエス・キリストを知りませんでしたが、主イエスはエレミヤを知っていました。

それで主イエスは、十字架にかかられる前夜、御自分が命を献げる決意をし、弟子たちに聖餐のパンと杯を残すに当たって、これは「新しい契約のために流すわたしの血」と語ったのです。「新しい契約」は預言者エレミヤの言葉であり、主イエスが十字架に犠牲の死を遂げたのは、その預言の成就のためであったのです。

新しい契約、新しい神関係を樹立するためにペンテコステは起きました。かつて神関係の成立のためにシナイ山での律法の授与がありました。しかし今度は、主イエス・キリストの十字架と復活を受けて、キリストを死人の中から甦らせた神の霊が授与されました。石に刻まれた律法の文字でなく、私たちの心に神への信頼を起こす霊、そして信仰によって神から決して切り離されない関係に生かす命の霊です。新しい神関係は、主イエス・キリストのゆえに、キリストに示された神の愛から何ものも私たちを引き離せない関係です。それが与えられています。その決して引き離されない関係の中で、聖霊は私たちの心に信仰を刻み、神との交流を通して命を与えてくださいます。聖霊が与えられれば、聖霊の実が結ばれます。聖霊の実は「愛であり、喜び、平和」（ガラ五22）です。神に結ばれた生活があれば、そこには命が湧き、愛と喜びと平和があります。

この「新しい神との関係」にはかつてなかった土台が据えられると、エレミヤは預言しました。その土台のことが、段落の最後に語られています。「彼らはすべて、小さい者も大きい者もわたしを知る」と語り、その後で神を知る根拠が語られます。「わたしは彼らの悪を赦し、再び彼らの罪に心を留めることはない」（34節）と。「神はわたしたちの悪を赦し」、「罪に心を留めない」というのは、新しい神関係の土台として赦しがあると語っているわけです。赦しがあるので新しくなれるのです。赦しがなかったなら新しくなることはできないでしょう。

エレミヤ自身はイスラエルの民を赦せなかったでしょう。イスラエルの民は契約を破りました。それでエレミヤを脅かし、攻撃し、策を弄して窮地に立たせました。神御自身が赦しによる新しい関係を約束しなかったなら、エレミヤにはとても「赦し」があると預言することはできなかったでしょう。新しい神関係が打ち立てられる、神が赦すことがその土台にある、そうエレミヤに語らせた神は、イエス・キリストにおいてそれを成就してくださいました。

この新しい神関係の中には、「神を知る」ことが含まれています。「知る」と言っても、頭脳によって知識として知ることではありません。大きい者だけでなく、小さい者も神を知ると言われています。ヘブライ語が言う「知る」は、知識でなく、それを超えた信頼と愛のある親密な人格関係のことを言います。小さな子でも母を知っていると言えるでしょう。頭脳の知識によってではありません。全身で愛され愛し、信頼され信頼し、親密な関係の中に生きることで、知っているのです。新しい神関係には、赦しが土台にあります。その土台がどう据えられたか、私たちには知らされています。神の赦しが神関係の根本にあるのは、御子イエス・キリストの十字架の犠牲があったからです。神の赦しは確実な根拠に基づいています。そのためにキリストの血が流され、命が献げられました。それに基づいてあなたは赦され、その赦しに基づいてあなたは受け入れられ、よしとされ、慰められ、信頼され、励まされています。あなたは愛され、赦されています。

私たち人間が暗い日々に置かれたとき、何が救いになり、何が助けになるでしょうか。主イエスの犠牲に基づく赦しによって新しい神関係に生かされていること、キリストと聖霊によって赦しの中で生かしてくださる神がおられることです。神は私たちを何物にも破られない新しい神関係の中に置いてくださって、信仰の霊を注いでくださいました。霊は神からの命を与え、私たちを新しい人として生かします。その中にいて私たちは、神に赦された自分を、私たち自身も赦して生きることができます。どんなに暗いときにも、私たちは聖霊によって信じることができ、祈ることができます。新しい神関係のゆえに、どんな暗い日々にも、希望を失わずにおられます。新しい神関係の中で自分だけでなく、他者も赦し、愛することができるのではないでしょうか。そのようにしてキリストと聖霊による新しい神関係の中に生きる素晴らしさを他の人に証しすることもできるでしょう。イエス・キリストと聖霊によって新しい神関係に生かされていることを信じて、この週も前進していきたいと思います。

エレミヤ書三二章1−25節

アナトトの畑を買う

主からエレミヤに臨んだ言葉。ユダの王ゼデキヤの第十年、ネブカドレツァルの第十八年のことであった。そのとき、バビロンの王の軍隊がエルサレムを包囲していた。預言者エレミヤは、ユダの王の宮殿にある獄舎に拘留されていた。ユダの王ゼデキヤが、「なぜ、お前はこんなことを預言するのか」と言って、彼を拘留したのである。

エレミヤの預言はこうである。

「主はこう言われる。見よ、わたしはこの都をバビロンの王の手に渡す。彼はこの町を占領する。ユダの王ゼデキヤはカルデア人の手から逃げることはできない。彼は必ずバビロンの王の手に渡され、王の前に引き出されて直接尋問される。ゼデキヤはバビロンへ連行され、わたしが彼を顧みるときまで、そこにとどめ置かれるであろう、と主は言われる。お前たちはカルデア人と戦っても、決して勝つことはできない」。

さて、エレミヤは言った。「主の言葉がわたしに臨んだ。見よ、お前の伯父シャルムの子ハナムエルが、お前のところに来て、『アナトトにあるわたしの畑を買い取ってください。あなたが、親族として買い取り、所有する権利があるのです』と言うであろう」。

主の言葉どおり、いとこのハナムエルが獄舎にいるわたしのところに来て言った。「ベニヤミン族の所領に属する、アナトトの畑を買い取ってください。あなたに親族として相続し所有する権利があるのですから、どうか買い取ってください」。

わたしは、これが主の言葉によることを知っていた。そこで、わたしはいとこのハナムエルからアナトトにある畑を買い取り、銀十七シェケルを量って支払った。わたしは、証書を作成して、封印し、証人を立て、銀を秤で量った。そしてわたしは、定められた慣習どおり、封印した購入証書と、封印されていない写しを取って、マフセヤの孫であり、ネリヤの子であるバルクにそれを手渡した。いとこのハナムエルと、購入証書に署名した証人たちと、獄舎にいたユダの人々全員がそれを見ていた。そして、彼らの見ている前でバルクに命じた。

「イスラエルの神、万軍の主はこう言われる。これらの証書、すなわち、封印した購入証書と、その写しを取り、素焼きの器に納めて長く保存せよ。イスラエルの神、万軍の主が、『この国で家、畑、ぶどう園を再び買い取る時が来る』と言われるからだ」。

購入証書をネリヤの子バルクに渡したあとで、わたしは主に祈った。

「ああ、主なる神よ、あなたは大いなる力を振るい、腕を伸ばして天と地を造られました。あなたの御力の及ばない事は何一つありません。あなたは恵みを幾千代に及ぼし、父祖の罪を子孫の身に報いられます。大いなる神、力ある神、その御名は万軍の主。その謀は偉大であり、御業は力強い。あなたの目は人の歩みをすべて御覧になり、各人の道、行いの実りに応じて報いられます。あなたはエジプトの国で現されたように今日に至るまで、イスラエルをはじめ全人類に対してしるしと奇跡を現し、今日のように御名があがめられるようにされました。あなたは、しるしと奇跡をもって強い力を振るい、腕を伸ばして大いなる恐れを与え、あなたの民イスラエルをエジプトの国から導き出されました。そして、かつて先祖に誓われたとおり、この土地を彼らに賜りました。乳と蜜の流れるこの土地です。ところが、彼らはここに来て、土地を所有すると、あなたの声に聞き従わず、またあなたの律法に従って歩まず、あなたが命じられたことを何一つ行わなかったので、あなたは彼らにこの災いをくだされました。今や、この都を攻め落とそうとして、城攻めの土塁が築かれています。間もなくこの都は剣、飢饉、疫病のゆえに、攻め囲んでいるカルデア人の手に落ちようとしています。あなたの御言葉どおりになっていることは、御覧のとおりです。それにもかかわらず、主なる神よ、あなたはわたしに、『銀で畑を買い、証人を立てよ』と言われました。この都がカルデア人の手に落ちようとしているこのときにです」。

預言者エレミヤは「禍の預言者」と言われます。イスラエルの民の不信仰を糾弾し、神の審判がバビロニアによるイスラエル壊滅という形で行われると預言し続けたからです。しかしその預言者が、人生の晩年にさしかかって、まさにイスラエル崩壊の危機の中で、救済を語る預言者に変えられました。エレミヤ書三二章は、神の審判から救済へ、禍の預言者から救済の預言者へという転換がエレミヤに起きたことを語っています。なぜこの転換が起きたのでしょうか。救済とは何でしょうか。聖書はどういう救済を伝えているのでしょうか。御言葉から聞きたいと思います。

ユダの王ゼデキヤの第十年、つまり紀元前五八七年、エレミヤは獄中にありながら、故郷アナトトの畑を購入しました。それは彼の従兄から頼まれ、銀十七シュケルで買ったもので、エレミヤはその購入証書と写しを作り、彼の書記バルクに手渡しました。その一部始終は、関係者のほか、獄舎にいたユダの人の全員が見ている前で行われたと記されています。エレミヤはそのときエルサレム宮殿の獄舎に留置されていました。エレミヤの従兄が獄中のエレミヤを訪ねて、アナトトにある自分のぶどう畑を親族として買い取り、相続してほしいと申し出たのです。エレミヤは、それが「主の言葉によることを知っていた」（8節）と言います。こうして獄舎の中でエレミヤはエルサレムの近郊の故郷の町、アナトトの畑を買い、その購入証書と写しを作り、それを「素焼きの器に納めて長く保存せよ」とバルクに命じました。

これはエレミヤのいわゆる「行為預言」です。特定の行為によって神の言葉を告げているわけです。かつてエレミヤは首に軛《くびき》をはめて町中を歩き、イスラエルの民がやがてバビロン王の軛を負わされ、バビロンの人々に仕えさせられるという禍を預言しました。首に軛をはめたのは、行為預言でした。それはゼデキヤ王の第四年のことと言われますから、今朝の出来事の数年前のことです。今、エレミヤはそれとはまったく異なって、アナトトの畑を買い、その証書の保存を命じています。今度の行為預言は、禍でなく、救いの預言です。15節のエレミヤの言葉がそれを説明しています。「イスラエルの神、万軍の主が、『この国で家、畑、ぶどう園を再び買い取る時が来る』と言われるからだ」。敵の攻撃と略奪によって国が滅びるなら、アナトトの畑を購入して何の意味があるでしょうか。その証書を保存することなど、まったく無意味なことです。もしその行為が意味を持つとしたら、滅亡でなく平和が、そして審判に代わる救済がイスラエルの上に訪れなければならないでしょう。エレミヤの行為預言は、神が審判に代えて救済を遂行し、敵の攻撃や略奪に代えて平和を回復してくださる、その約束を意味していました。

このときの状況をもう少し説明しないと、エレミヤが禍の預言から救済の預言へと転換させられた状況は分かりにくいと思われます。ゼデキヤ王の第十年は、エルサレムの決定的な崩壊の前年に当たります。もうすでにバビロニア軍のエルサレム包囲は二年近く続いています。24節にこうあります。「今や、この都を攻め落とそうとして、……土塁が築かれています。間もなくこの都は剣、飢饉、疫病のゆえに、攻め囲んでいるカルデア人の手に落ちようとしています」。カルデヤ人とは新バビロニア帝国の住民です。今や、エルサレムの食糧は尽き、人々は飢餓に喘ぎ、疫病が蔓延し、死者は増え、埋葬もできないまま放置されています。エルサレムは崩壊寸前です。エレミヤを売国奴、非国民として捕らえて獄舎に拘束したエルサレムの保守主義者たちも滅亡寸前にありました。つまり、エレミヤが若き時より語ってきた審判の預言が、まさに実現しようとしているときだったのです。エレミヤはこのとき六十五歳ぐらいであったと言われます。人々の非難を受けながら、生涯語り続けてきた神の審判の預言が、まさに実現するとき、エレミヤはそれとまったく逆の救済預言へと転換させられたことになります。

エレミヤは神の命じるままに淡々とアナトトの畑を買い、証書を作り、人々の目の前で証書と写しの保存を命じました。そしてその後で、「わたしは主に祈った」と告白しています。その祈りが「ああ、主なる神よ」、「ああ、主、ヤハウェよ」(17節)です。「ああ」という言葉は呻きの声、嘆きの叫びです。矛盾に直面した預言者の叫びです。この叫びには「見てくださいい」という言葉が続きます。かつてこの呻きをあげたとき、エレミヤは「ああ、主、ヤハウェよ。見てください。……私は青二才にすぎない」と言いました。それなのに私を預言者として立てるのですか、と。今、「見てください」と言うのは、バビロニア人の激しい攻撃が最終局面に至り、神の審判預言がまさに実現しようとしている現実です。この現実を見てください。それなのにあなたは、私にアナトトの畑を買わせたと言うのです。「それにもかかわらず、主なる神よ、あなたはわたしに、『銀で畑を買い、証人を立てよ』と言われました。この都がカルデア人の手に落ちようとしているこのときにです」（25節）。「ああ、主、ヤハウェよ」。エレミヤのこの呻きの背後には何があるのでしょうか。エレミヤを圧倒する生ける神がおられます。その生ける神が、神御自身の自由をもって、エレミヤが生涯をかけて預言してきた審判預言をひっくり返したのです。そして救いの約束へと転換しました。生ける神の自由がエレミヤを圧倒します。「ああ、主、ヤハウェよ」。エレミヤのこの呻きは、死者累々のエルサレムのそれも獄舎の中にいて、アナトトの畑を買う矛盾、その矛盾の中で生ける神の自由に圧倒されているということです。

禍から救いに転じたのだからよいではないか、何も呻くことはないと思われるかもしれません。救いは誰にとっても好ましいのではないか、と。しかし預言者エレミヤは呻きました。ということは、預言者が救済の行為預言を行ったのは、救いが好ましかったからではないということです。救いは誰にも好ましいから、今や誰もが好む救いを預言するというのなら、それは真の預言者の預言ではありません。キリスト教会は福音を伝えます。福音は神の救いの御業、恵みの御業を語り告げます。しかしそれを告げるのは、人間にとって好ましいからでしょうか。

もし好ましいから告げるというのなら、福音の真実を知らないということでしょう。誰にでも歓迎されるから救いを語るというなら、御利益宗教と何の変わりもないことになります。御利益宗教という代わりにポピュリズム、人気取りと言ってもよいでしょう。民衆迎合主義や人気取りは、政治でも宗教でも、根本にはいつも嘘があり、軽蔑されるものです。

エレミヤは迎合的に救いを語ったのではありません。生涯語り続けた審判の預言、禍の預言がまさに実現の直前にあるときに、神の圧倒的な自由によって捻じ伏せられ、押し曲げられて、救いを語ったのです。自由な神に捻じ伏せられたのです。人生の終わり近くになって、これまでの自分の言動を抑えられ、破局のただ中で、とても信じられない救済の預言者に変えられました。それは理不尽とも言える生ける神に直面したことによったのです。神の実在がエレミヤを変えて、救いを語らせました。

しかし、それにしてもエレミヤは、アナトトの祭司の子として、子供の頃からこの神の実在を信じて受け入れる信仰の言葉によって育てられてきました。「あなたは大いなる力を振るい、腕を伸ばして天と地を造られました」（17節）という言葉にそれは表現されています。それでエレミヤは「あなたの御力の及ばない事は何一つありません」とも語りました。神の圧倒的な自由に撃たれながら、エレミヤは天地万物の創造者なる神の自由な御業としてそれを受け入れるほかありませんでした。またこうも言っています。「あなたはエジプトの国で現されたように今日に至るまで、イスラエルをはじめ全人類に対してしるしと奇跡を現し、今日のように御名があがめられるようにされました」（20節）。「出エジプト」という神の救済の歴史を信じる信仰によって、今日に至るまでしるしと奇跡を表す神を信じて、今、エレミヤは理不尽とも思える神の自由で圧倒的な御業を受け入れたのです。

私たちの信仰に移して言えば、主である神は、天地万物の創造者なる神です。そして主イエスを私たちの救いのために十字架にかけ、私たちが義とされるために復活させた神です。人類の救済の神です。イエス・キリストに示され、聖書が伝える神は、人間に迎合する神ではありません。主である神は圧倒的な自由を持って、その憐れみの意志を遂行なさいます。真に生ける神が、敵の攻撃のただ中で平和を約束し、審判のただ中で救いを約束されました。私たちがそれを好むか好まないかの問題ではありません。神は私たちに対し何の迎合もすることなく、御自身の全き自由によって生ける神として、救済を告げさせたのです。私たちの救いの根拠は、生ける神御自身の自由な恵みの御意志にあります。エレミヤと共に「あなたの御力の及ばない事は何一つありません」と言うほかはないでしょう。今朝の御言葉はそこに私たちを導いていきます。どんな困難の中にあっても生ける神の奇跡を信じて、受け入れることです。自分がそれを求めているからではありません。生ける神の自由に撃たれるからです。

人間のことを言えば、絶望的な状況の中では人間はむしろ絶望する方が楽ではないでしょうか。諦めた方が楽なときはいくらでもあります。だから人間は悟りや諦念を求めるのでしょう。しかし、生ける神はそれを許しません。失望と不安に慣れ親しむ私たちに対して、神は救いを約束し、生ける自由な力で奇跡を起こし、その救いの歴史を前進させます。生ける神の自由に撃たれなければならないでしょう。それが信仰者の人生の最も厳粛な事実としてあるのではないでしょうか。今朝、神に対する私たちの信仰告白は明らかです。「あなたの御力の及ばない事は何一つありません」。このエレミヤの信仰告白を私たち自身の信仰告白として神の御前に言い表し、新しい一週間の生活を開始したいと思います。

聖書に対する神の熱意

エレミヤ書三六章1－3、21－26、29－31節

ユダの王、ヨシヤの子ヨヤキムの第四年に、次の言葉が主からエレミヤに臨んだ。「巻物を取り、わたしがヨシヤの時代から今日に至るまで、イスラエルとユダ、および諸国について、あなたに語ってきた言葉を残らず書き記しなさい。ユダの家は、わたしがくだそうと考えているすべての災いを聞いて、それぞれ悪の道から立ち帰るかもしれない。そうすれば、わたしは彼らの罪と咎を赦す」。……

王はユディを遣わして、巻物を取って来させた。彼は書記官エリシャマの部屋から巻物を取って来て、王と王に仕えるすべての役人が聞いているところで読み上げた。

王は宮殿の冬の家にいた。時は九月で暖炉の火は王の前で赤々と燃えていた。ユディが三、四欄読み終わるごとに、王は巻物をナイフで切り裂いて暖炉の火にくべ、ついに、巻物をすべて燃やしてしまった。

このすべての言葉を聞きながら、王もその側近もだれひとり恐れを抱かず、

衣服を裂こうともしなかった。また、エルナタン、デラヤ、ゲマルヤの三人が巻物を燃やさないように懇願したが、王はこれに耳を貸さなかった。かえって、王は、王子エラフメエル、アズリエルの子セラヤ、アブデエルの子シェレムヤに命じて、書記バルクと預言者エレミヤを捕らえようとした。しかし、主は二人を隠された。……そして、ユダの王ヨヤキムに対して、あなたはこう言いなさい。

主はこう言われる。お前はこの巻物を燃やしてしまった。お前はエレミヤを非難して、『なぜ、この巻物にバビロンの王が必ず来て、この国を滅ぼし、人も獣も絶滅させると書いたのか』と言った。

それゆえ、主はユダの王ヨヤキムについてこう言われる。彼の子孫には、ダビデの王座につく者がなくなる。ヨヤキムの死体は投げ出されて、昼は炎熱に、夜は霜にさらされる。わたしは、王とその子孫と家来たちをその咎のゆえに罰する。彼らとエルサレムの住民およびユダの人々に災いをくだす。この災いは、すべて既に繰り返し告げたものであるが、彼らは聞こうとはしなかった」。

信仰生活にとって肝要なのは「祈ること」と共に、「聖書を開く」、「聖書を読む」、「聖書によって御言葉を聞く」ことです。主日の礼拝でそれは行われますが、主日礼拝だけでなく、私たちの日ごとの生活の中でそれが求められています。今朝はエレミヤ書三六章をお読みいただきました。ここにはエレミヤ書という聖書の部分がどのようにして文字で記されるようになったかが語られています。エレミヤがエレミヤ書を記述したわけではありません。書記が書きました。しかし、書かせたのはエレミヤではなく、エレミヤと書記を用いて聖書を書かせた方がおられたのです。エレミヤ書三六章は、聖書の一部分の成立に関する話ですが、聖書全巻が記された根本理由を明らかにしていると言ってもよいでしょう。聖書がどのようにして人類に与えられたか、聖書成立の根本に何があったか、そしてあるのかを、エレミヤ書三六章から学んで、聖書を開き、聖書を読む生活を身に付けたいと思います。

時は、「ヨシヤの子ヨアキムの第四年」であったと言われます。主の言葉がエレミヤに臨み、エレミヤがそれまで神の言葉としてイスラエルの民に語ってきた言葉を「残らず巻物に書き記しなさい」と命じたのです。エレミヤはそれで「ネリヤの子バルク」を呼び、彼を書記にしてそれまでに示された主の言葉をすべて口述筆記させました。エレミヤの手元には、それまでに語ってきた預言のメモ書きがあるいはあったかもしれません。その年、ヨアキムの第四年というのは、紀元前六〇四年ないし六〇五年のことでした。エレミヤは、ヨシヤ王の治世の第十三年、つまり紀元前六二七年に預言者として召命を受けましたから、すでに二十三年に及ぶ預言の活動があった後のことです。それはまた、エルサレムが陥落する以前でした。バビロン捕囚の試練（紀元前五九八年）が始まったのは、この時からなお十三、四年後のことです。

エレミヤ書全体の章の順序は時代順になっていません。時代的に以前のことが後の方の章に描かれている場合があります。全編の構成が複雑になっています。

それにしてもエレミヤ書がそのようにして巻物に記された紀元前六〇四年ないし六〇五年は、エレミヤの預言が実現の気配を見せて、当時世界はすでに巨大な危機に直面し始めた年でした。9節に、ヨヤキム王はその翌年の九月にエルサレムの全市民とユダの町々からエルサレム神殿に来る人々に、主の前で断食をするように布告を出したとあります。国民全体に断食を求めたのは、国民全体に関わる危機があったからでしょう。この頃ひどい飢饉が起きたのが、その理由だという説もあります。しかしそれだけではなかったでしょう。紀元前六〇五年はユーフラテス川の上流地域において「カルケミシュの戦い」という、当時オリエント世界の一大事件が起きた年です。それまで中東世界の二大支配者であったアッシリア帝国とエジプト王国の連合軍が破れて、新たな中東の覇者となった新バビロニアが姿を現しました。バビロニア軍を率いてカルケミシュの戦いに勝利を収めたのは、ネブカドネツァルで、彼がやがて新バビロニア帝国の王になって、エルサレムを陥落させせます。エレミヤが召命を受けて以来ずっと語ってきた「北からの脅威」が、いよいよ誰の目にも明らかな現実になって姿を現し始めたのです。エレミヤ書は、その世界史的な大転換の年に巻物として書き記されました。そしてその断食の日に、エルサレム神殿にやってきたすべての人々の前で読み上げられたわけです。

読み上げたのは、エレミヤの書記であったバルクです。エレミヤ自身は神殿に入るのを禁じられていました。この直前におそらくはエレミヤ書七章が伝えているあの説教が行われたと思われます。「主の神殿、主の神殿、主の神殿という、むなしい言葉に拠り頼んではならない」という神殿説教です。おそらくエレミヤはその説教の結果、神殿に入ることを禁じられたのでしょう。あるいは他の預言活動が理由になったかもしれません。いずれにせよ、神殿に立ち入れないエレミヤに代わって、書記のバルクが、政府の書記官「ゲマルヤの部屋から」、その窓を開けて、すべての人々に巻物を読み聞かせました。書記官ゲマルヤはそのとき部屋にいなかったのでしょう。しかしその子ミカヤがそれを聞き、深く感じるところがあって、高官たちに伝え、そこで高官たちはバルクを呼んで、「座って、我々にも巻物を読んでください」と言ったとあります。バルクは彼らにも読み聞かせ、この日二度目のエレミヤ書の朗読がなされました。それに立ち合った高位の役人たちは、「この言葉は王に伝えねばならない」と判断しました。同時に彼らは、バルクとエレミヤに急いで身を隠すようにと忠告しました。王がどういう行動に出るか不安があったからでしょう。エレミヤとバルクの身が危ないと感じ取ったわけです。

そのようにして王に伝えられ、その日エレミヤ書の三度目の朗読が、今度は王の前で行われました。読み上げたのは、ユディという人物で、「王は宮殿の冬の家にいた」とあります。「家」とありますが、むしろ「冬の間」とでも訳すべきで、おそらく日当たりのよい部屋でしょう。「時は九月で暖炉の火は王の前で赤々と燃えていた」(22節)と記されています。九月と言うのは、今の暦の十一月か十二月を指します。そのとき、ユディが三、四欄読み終わるごとに、王は巻物をナイフで切り裂いて暖炉の火にくべ、ついに巻物をすべて燃やしてしまいました。ヨアキム王の父ヨシヤが王であったときには、「主の神殿で律法の書を見つけた」という大祭司の言葉がありました。その新しく発見された「律法の書」、申命記がそれだという説があります。それを書記官が読み上げたとき、「王はその律法の書の言葉を聞くと、衣を裂いた」と、列王記下二二章に記されています。しかしヨシヤ王の子ヨアキムは、エレミヤ書の朗読を聞いて、衣を裂いて悔い改めるのでなく、逆にその巻物を裂いて、燃やし、聖書に記された神の言葉を亡き者にしようとしました。緊張した世界情勢の中で王の信仰が問われたのです。またイスラエルの民の信仰も問われました。今日でも変わりません。あえて申しますが、総理大臣をはじめ日本の閣僚の多くが、今年も年頭に伊勢神宮を参拝する光景がテレビで報じられていました。民族主義的な宗教でも、それに打ち込むのは、各人の信仰の自由でしょう。しかしそれで日本の政治や外交はどうなるでしょうか。伊勢神宮の信仰で韓国との緊張を少しでも和らげる道を歩めるかといえば、そうはいかないでしょう。第二次世界大戦の時に、そうならなかったことは歴史の事実です。その事実は記憶していなければならないでしょう。

聖書はどうして記述されたのでしょうか。聖書の中のエレミヤ書だけのことですが、エレミヤ書はなぜ巻物に書き記されたのでしょうか。今朝の箇所は語っています。それは巻物に書き記せとの神の命令があったからです。生ける神の言葉を文書の形で書き記すことは、生きている御言葉を固定させますから、生ける神を文字の中に閉じ込める危険があります。しかし神はそれをお命じになりました。それはそこに記されているように、「ユダの家は、わたしがくだそうと考えているすべての災いを聞いて、それぞれの悪の道から立ち帰るかもしれない」からと言うのです。「そうすれば、わたしは彼らの罪と咎を赦す」。神はイスラエルの民を赦そうとして聖書を記述させたと語られています。神は私たちに悔い改めを求め、罪の赦しを与えようとして、聖書を書き記させました。聖書の成立の背後には、神の御意志、御自分の契約の民に対する神の救済意志が働いています。神の言葉を記すようにという神の御命令は、当然その記された聖書から神の御言葉を聞くようにとの御命令です。聖書は開いても開かなくてもよいものではありません。読んでも読まなくてもよいものではないのです。そうでなく、聖書が繰り返し開かれ、読まれ、聞かれることを、神は求め、そして要求しておられます。それが私たちに対する神の救済意志です。

ヨヤキム王が巻物を全部切り裂き、そして暖炉の火にくべて燃やしてしまった後で、主の言葉がエレミヤに臨みました。「改めて、別の巻物を取れ。ユダの王ヨヤキムが燃やした初めの巻物に記されていたすべての言葉を元どおりに書き記せ」(28節)。エレミヤは何も書かれていない別の巻物を取って、バルクに命じて、その上に再び口述筆記させ、さらに神の言葉を多く書き添えました。これが今日のエレミヤ書のもとになっていると言われます。この関連で言えば、聖書の一段落ごとに、神の熱い救済意志が働き、息づき、脈打っています。神は何度でも聖書を書き記させるでしょう。聖書を亡き者にすることは人間にはできないでしょう。もう一度、改めてもう一度と記させるのは、神の熱意です。私たちの罪を赦す熱い思いをもって神は聖書を記述させ、私たちに悔い改めを求め、御言葉を聞きつつ生きることを求めます。神のこのエネルギーにまさるものはありません。

エレミヤの巻物に記された災いの言葉を憎んで、ヨヤキム王は聖書を切り裂き、燃やしました。その災いの言葉が、民に救いをもたらすための神の熱意から来ていることを理解しませんでした。聖書の言葉は、そこに記された災いの言葉も含めて、神がその民を御自身のもとに引き寄せる熱意によって成立しています。

ですから危機が深まり、災いに取り囲まれれば取り囲まれるほど、なお一層のこと、聖書を開き、聖書に聞く生き方があります。あるべきです。聖書を切り裂くのでなく、自分の衣を引き裂く、自分中心で聖書に無関心になるのでなく、聖書を開いて神の言葉に熱心になって、自己中心から解き放たれ、自由にされなければならないでしょう。聖書は私たちを、私中心の生き方から解放して、神中心に生きる真実に自由な人生へと切り替えてくれます。悔い改めるということは、罪赦されること、神の子たちとして、神の契約のパートナーとして生かされることです。そのために聖書を読むのです。神がその憐れみをもって、救いへの熱意をもって、聖書を成立させておられます。聖書に熱い関心を向けなければならないのではないでしょうか。

エレミヤ書三八章14－20、24－28節

エレミヤとゼデキヤ、最期の会談

ゼデキヤ王は使者を遣わして、預言者エレミヤを主の神殿の第三の入り口にいる自分のもとに連れて来させ、「あなたに尋ねたいことがある。何も隠さずに話してくれ」と言った。エレミヤはゼデキヤに答えた。「もし、わたしが率直に申し上げれば、あなたはわたしを殺そうとされるのではないですか。仮に進言申し上げても、お聞きにはなりますまい」。ゼデキヤ王はエレミヤにひそかに誓って言った。「我々の命を造られた主にかけて誓う。わたしはあなたを決して殺さない。またあなたの命をねらっている人々に引き渡したりはしない」。

そこで、エレミヤはゼデキヤに言った。「イスラエルの神、万軍の神なる主はこう言われる。もし、あなたがバビロンの王の将軍たちに降伏するなら、命は助かり、都は火で焼かれずに済む。また、あなたは家族と共に生き残る。しかし、もしバビロンの王の将軍たちに降伏しないなら、都はカルデア軍の手に渡り、火で焼かれ、あなたは彼らの手から逃れることはできない」。

ゼデキヤ王はエレミヤに言った。「わたしが恐れているのは、既にカルデア軍のもとに脱走したユダの人々である。彼らに引き渡されると、わたしはなぶりものにされるかもしれない」。

そこで、エレミヤは言った。「いいえ、彼らに引き渡されることはありません。どうか、わたしが申し上げる主の声に聞き従ってください。必ず、首尾よくいき、あなたは生き長らえることができます。……」。

ゼデキヤ王はエレミヤに言った。「このことは、だれにも知られないようにしよう。そうすれば、あなたは殺されないで済む。役人たちは、わたしがあなたと話し合ったことを聞きつければ、きっと、あなたのもとに来て、『王に何を話したのか言え。隠さずに話せ。殺しはしないから。何を王がお前に話したかを言え』と言うだろう。そのときは、こう答えるがよい。『わたしは王に憐れみを乞い、ヨナタンの家に送り返さないでください。あそこでは殺されてしまいます、と言いました』と」。

役人たちは皆、エレミヤのもとに来て尋ねたが、エレミヤがすべて王の命じたとおりに答えたので、黙って去って行った。エレミヤが王に告げたことはついに知られなかった。エレミヤは、エルサレムが占領される日まで監視の庭に留めて置かれた。彼はエルサレムが占領されたときそこにいた。

エレミヤ書は全部で五十二章ありますが、そのうち三七章から四五章までは「エレミヤの受難史」と言われる部分です。エレミヤがエルサレムの「監視の庭」に囚われの身になって苦難の日々を過ごした様子を書記のバルクが書き残した部分で、今朝の箇所もその一部です。エレミヤは六十五歳、当時としては高齢になった晩年の姿が描かれているわけです。

「監視の庭」に囚われの身になったのは、ネブカドネツァルによる第二回目のエルサレム攻撃が激化した中でした。エルサレムは二年近くにわたって敵軍に包囲され、攻撃を受けました。「もう都にはパンがなくなりました」(三八9)と言われます。エレミヤは、かねてからバビロニアに降伏することこそ神の御旨と語りました。そのためエレミヤの預言は兵士と民衆の士気を挫くものと非難されました。またこの間、エジプト軍が進撃してきてバビロニア軍が一時撤退する様子を見せたときがあり、エレミヤはエルサレム近くの郷里アナトトの地を相続するためエルサレムを出ようとして捕まったとも記されています(三七章)。崩壊寸前のユダの地で財産としての土地を得る行為は、エレミヤの「行為預言」と考えられています。エレミヤの言葉と行為が、エルサレムの主戦派たちには、裏切り者に見えました。教会も戦争の時代には繰り返し、同じような嫌疑で迫害されてきました。「汝の敵を愛せよ」と言ったために投獄された牧師もいたのです。エレミヤは、役人たちによって捕らえられ、地下牢に入れられました。三八章6節には、「役人たちはエレミヤを捕らえ、監視の庭にある王子マルキヤの水溜めへ綱でつり降ろした。水溜めには水がなく泥がたまっていたので、エレミヤは泥の中に沈んだ」と記されています。

泥の中で食べ物もなく生きることはできません。そこにクシュ人エベド・メレクという人物が登場します。クシュはエジプトの南方の地です。エベド・メレクはですから、エレミヤには見知らぬ外国人だったでしょう。その彼が王ゼデキヤに訴え、ゼデキヤは「ここから三十人の者を連れて行き、預言者エレミヤが死なないうちに、水溜めから引き上げるがよい」（三八10）と許可したとあります。聖書の注解者たちは、ここは三十人でなく、むしろ三人と読むべきところではないかと記しています。こうしてエレミヤは水溜めから助け出されましたが、「エルサレムが占領される日まで監視の庭に留めて置かれた」（三八28）と記されています。

エルサレムは今や崩壊寸前、断末魔の状態です。その中でエレミヤは地下牢で晩年の日々を送っていました。三八章は、王ゼデキヤがそのエレミヤに最期の会談を申し出た場面を伝えています。敵軍による国家崩壊の中で王と預言者が最期の会談を交わします。ここからわたしたちは、苦難の中で人間にとって何が重大か、その時をどう生きることができるかを学ぶことができるでしょう。

ゼデキヤはエレミヤに言いました。「あなたに尋ねたいことがある」。これは「一言尋ねたい」とでも訳すべきでしょうか。「言葉」という語が入っています。苦難の中でゼデキヤは言葉を求めたのです。ゼデキヤは言います。「我々の命を造られた主にかけて誓う。わたしはあなたを決して殺さない。またあなたの命をねらっている人々に引き渡したりはしない」（16節）。

共通の信仰、命の創造者である神を信じる信仰に立って、最期に二人は語り合ったわけです。エレミヤは答えます。「イスラエルの神、万軍の神なる主はこう言われる。もし、あなたがバビロンの王の将軍たちに降伏するなら、命は助かり、都は火で焼かれずに済む」(17節)。しかしゼデキヤは自分が何を恐れているかを語ります。敵の王と将軍たちをもちろん彼は恐れていました。しかしそれだけではなかったのです。敵軍のもとに脱走した同国人たちを王は恐れていました。「わたしはなぶりものにされるかもしれない」(19節)。支配者が抱いている恐怖の対象は、敵だけでなく、かつて自分が支配していた民でした。エレミヤは言います。「いいえ、彼らに引き渡されることはありません。どうか、わたしが申し上げる主の声に聞き従ってください」(20節)。「主の声に聞き従う」ことこそ最期のあり方とエレミヤは語ったのです。

ゼデキヤがその人生の最期の時に預言者と語り合えたことは良いことです。人生には曖昧なことが多いものです。どちらの道を選んでも人生は結局同じと思える状況も多いでしょう。しかしそうでなく、決定的に人生を分ける時があります。それが人生の最期に訪れることもあるでしょう。そのときには主の言葉を語る預言者に尋ねるべきです。真の預言者である主イエス・キリストに尋ねるべきで、そのために教会を訪ねる必要があるでしょう。教会は人々が最期に訪ねることのできる場所でなければならないと思います。そして「主の声に聞き従ってください」と教会は言うことができるし、言うべきです。「主の声に聞き従う」ことこそが、唯一、命に至り、救いに至る道だからです。

しかしここ一番の時に、ゼデキヤは主の声に聞き従うことができませんでした。彼が恐れを持ち、自分の民に不安と恐怖を持っていたからです。神のみを恐れる信仰でなく、結局は不信仰に捉えられていました。次の三九章には、そのゼデキヤの悲惨な結末が記されています。エルサレムの城壁の一か所がついに破られ、敵軍がどっと押し寄せます。そのさなかゼデキヤは、一群の戦士と共に城壁の間にある秘密の門からエルサレムを脱出し、ヨルダン川が流れる低地、アラバに向かって逃走しました。しかし、エリコの荒れ地で敵軍に追いつかれ、捕らえられ、ネブカドネツァルのもとに連れて行かれたと記されています。そして、その子供たちは彼の目の前で殺され、彼の両眼もつぶされ、青銅の足枷をはめられてバビロンに連れて行かれたと聖書は記しています。淡々と記される聖書のこのリアリズムに、とてもついていけないほどです。

エレミヤはどうしたでしょうか。監視の庭の牢獄に入れられたエレミヤのもとに、主戦派の役人たちが来て、いったい王と何を話し合ったかと問いただしました。エレミヤは本当のことを言わず、王に何を語ったかを言いませんでした。それは王が「このことは誰にも知られないようにしよう」と言ったからです。エレミヤは嘘を言い、あとは沈黙するばかりでした。自分は王に「主の声に聞き従え」と語り、降伏することを勧めたとは明かさなかった、とバルクは記しています。それはエレミヤが決して罪なき聖者でなかったことを間接的に語っていると解釈する人もいます。そうかもしれません。あるいは預言者は最期に自分に尋ねた相談相手の秘密を守ったとも言えるでしょう。

いずれにしても、預言者もまた沈黙せざるを得ない受難の日々があったのです。それはただ黙って耐えるしかできない日々でした。救いはいったいどこにあるのでしょうか。神を信じる者たちが、信仰がありながらも苦難のうちにその晩年を過ごさなければならない。そういう経験を私たちもするのではないでしょうか。その人生をどう生きたらよいのでしょうか。エレミヤのこの苦難の経験の中に、もちろん神の助けがなかったわけではありません。エレミヤが王子マルキヤの水溜めに入れられたとき、敵軍に包囲されたエルサレムにはもう水は尽き、水溜めに水はありませんでした。それはエルサレムの民衆に水が尽きていたということですが、エレミヤにはそれがかえって助けになりました。また、外国人の見知らぬ人がエレミヤの命を気遣い、そこから救出し、生きながらえることのできる牢獄に移し変えられました。それらはもちろん決定的な救いではありません。しかし、神の助けがないわけではないことを示しています。私たちの経験の中でも誰もがこうしたことを経験することがあるでしょう。私たちが苦難の中にあるとき、神に知られていないのでなく、それは神の目に明らかなのです。あのエジプトで御自分の民が苦しむのを神は御自分の苦しみとなさいました。民が苦しむとき、主なる神もまた苦しみを負われます。それが、聖書の証言する憐れみの神です。

「主の声に聞き従ってください」とエレミヤはゼデキヤに言いました。使徒的信仰によって言いますと、「主の声」に聞き従うとは、「主イエス・キリストの声」に聞き従うことです。主の声は例えば、「疲れた者、重荷を負う者は、だれでもわたしのもとに来なさい。休ませてあげよう」（マタ一一28）と語っています。そして主イエスのこの声に聞き従うならば、私たちが受ける苦難は、主イエスが受けた苦難の中に受け止められていることを知るでしょう。キリスト者が受ける苦難は、十字架の主イエスの苦難の中に取り込まれています。私たちが黙ってただ苦しむだけのとき、主イエス・キリストの苦難を覚え、主の十字架の苦難の中に受け止められていると信じることができ、またそう信じなければなりません。主の苦難の中に受け止められているのですから、私たちは苦難の日々にあってすでに復活のキリストの勝利にもあずかり、神の国の勝利にもあずかっています。エレミヤ晩年の受難史は、実は、主イエスの御受難の中にその解決を待ち、その救いを見ることができるものです。

あと二週間で、今年も受難節に入ります。なぜ主イエスはその生涯を苦難のうちに歩まれ、そして十字架の死を死なれたのでしょうか。それはすべての人を御自分のもとに招き、その人の罪を負い、それと共にあらゆる人と全被造物の苦しみを御自分の身に負って救いに入れるため、復活の新しい命に入れるためです。エレミヤの受難も主の声に聞き従う以外に解決はありません。主イエスが受けた苦難の中で、私たちの苦難も覚えられ、打ち勝たれていることを信じて、私たちの信仰生活も前進していくことができます。黙ってただ苦しむだけのときが私たちにもあるでしょう。そのときただ主イエスの苦難を仰ぐ以外にはありません。しかしそれがあるということは、すでに黙ってただ苦しむだけでなくなっているのです。すでに神の国の勝利にあずかっているのです。十字架の主イエスが復活の主イエスであることがその根拠です。

あとがき

本書は、旧約聖書からの説教で、預言者エリヤに関して十編、エレミヤ書から十五編、計二十五編の説教を収録しました。いずれも主として日本基督教団銀座教会の主日礼拝で説教したもので、そのための準備原稿をもとにして、さらに部分的に補ったり、修正したりしました。エリヤの説教は、二〇一六年二月から二〇一七年一月にかけて行い、その後少し間を置いて、二〇一七年八月から二〇一九年二月にかけてエレミヤ書の説教を行いました。

毎回の説教を通して、聖書の御言葉をどれだけ深く聞き取ることができたか、決して確信があるわけではありません。ただ私としてはこの間、毎回の説教のたびごとに聖書の言葉と預言者の原体験や葛藤から貴重な刺激を受け、聖書的信仰の奥深さに打たれ、死の現実のただ中にある命の言葉を聞き、説教する者の困難と喜びを同時に経験してきました。神様に感謝すると共に、一緒に礼拝を献げてくださった兄弟姉妹にお礼を申し上げます。

説教の準備のためには常に複数の注解書を参考にしていますが、説教黙想が記されている箇所については、それも参考にしました。特に Herbert Breit und Claus Westermann (hrsg), Calwer

Predigthilfen, Bd. 5–6, Stuttgart 1966–1971 に収録されているエリヤ伝承とエレミヤ書の黙想を参考にしました。また、左近淑『時を生きる　現代に語りかける旧約聖書3』（ヨルダン社、一九八六年）は、エレミヤ書の十一の箇所について、短文ながら優れた洞察を含む記述として有意義でした。また個人的なことですが、毎回の説教に対して反応を示す妻の言葉は、終始、私の支えになりました。

神と預言者の出会い、また預言者が神との格闘の中で見せる呻きは、聖書的信仰の深みを示し、そこに触れることは現代に生きるキリスト者にとって命の泉に汲むことになると思います。本書の説教が、その泉から命の水を少しでも汲んで、それを伝えることができていれば、まことに幸いです。信仰を求めている方々にとって、またすでに洗礼を受けたキリスト者にとっても、本書が役立つところがあることを願っています。それと同時に、説教と伝道の戦いの中にある伝道者・牧師・説教者に対し、少しでも励ましになるところがあれば幸いです。

今回も教文館の方々のお世話になりました。特に今回は髙木誠一さんに編集・校正のお世話になりました。心よりお礼申し上げます。

二〇一九年六月

近藤勝彦

《著者紹介》
近藤勝彦（こんどう・かつひこ）
1943年東京に生まれる。東京大学文学部卒業、東京神学大学大学院修士課程修了、チュービンゲン大学に学ぶ（神学博士）。東京神学大学教授、学長を経て、現在は同大学名誉教授。日本基督教団銀座教会協力牧師。
著書　『中断される人生』（1989年）、『教会と伝道のために』（1992年）、『歴史の神学の行方』（1993年）、『信徒のための神学入門』（1994年）、『トレルチ研究　上下』（1996年）、『癒しと信仰』（1997年）、『クリスマスのメッセージ』（1999年）、『デモクラシーの神学思想』（2000年）、『窮地に生きた信仰』『伝道の神学』（2002年）、『しかし、勇気を出しなさい』（2004年）、『いま、共にいますキリスト』（2006年）、『啓示と三位一体』（2007年）、『キリスト教倫理学』『喜び祝い、喜び躍ろう』『万物の救済』（2009年）、『二十世紀の主要な神学者たち』『確かな救い』（2011年）、『贖罪論とその周辺』『人を生かす神の息』（2014年）、『救済史と終末論』『キリスト教弁証学』（2016年）、『十字架のキリスト以外に福音はない』（2017年）ほか多数（いずれも教文館）。

死のただ中にある命——預言者エリヤとエレミヤ

2019年8月10日　初版発行

著　者　近藤勝彦
発行者　渡部　満
発行所　株式会社　教文館
〒104-0061 東京都中央区銀座4-5-1　電話 03(3561)5549　FAX 03(5250)5107
URL http://www.kyobunkwan.co.jp/publishing/
印刷所　モリモト印刷株式会社

配給元　日キ販　〒162-0814　東京都新宿区新小川町9-1
電話 03(3260)5670　FAX 03(3260)5637

ISBN978-4-7642-6465-6　Printed in Japan